国際テロリズム入門

初川 満 編

現代選書

信山社

序　文

　1　9.11事件後、テロは「もし発生したならば」という段階を超え、「いつ、どこに」の問題になってきた。しかるに、多くの人々はテロは他国で起きるものであり、旅行や仕事で海外に行かない限りは関係ないと、未だまったくの他人事と考えている。しかし、日本赤軍やオウム真理教によるテロ行為のような忌まわしい例を挙げるまでもなく、我が国においても今や、テロはいつ起きてもおかしくないと言わざるを得ない。

　しかるに、我が国では、テロリズムとはいかなるものをいうのか、それはどのように定義されるのか、などといった基礎的な情報すら人々の間に共有されているとは言い難い。あたかも人々は、テロはまったく「起きることはない」と信じたがっているかのように。

　そこで私は、人権の侵害が最も発生しやすい非常事態における人権の制限の典型的例として、テロ行為の法的規制と人権の保護の問題を研究すべく、2006年12月テロ規制法比較研究会を立ち上げ、テロリズムとはいかなるものを言うのか？　いかなる法規制が為されているのか？　などを研究してきた。同研究会におけるテロ規制法についての基礎研究は、『テロリズムの法的規制』として2009年9月に上梓した。

　本書は、同研究会が2009年2月8日に横浜で行ったシンポジウム「市民とテロリズム ─ 国際社会の現状」の報告を基に、国際テロリズムの入門書として出版するものである。

　2　巷間知られているように、テロリズムあるいはテロ行為と

はいかなるものかについては、統一的価値観による定義が可能な国内法によるテロの規制とは異なり、国際社会においては明確かつ統一的な定義と言えるものは未だ存在しない。つまり、テロリズム規制条約による普遍的包括的定義は、作られるに至っていないのである。

その理由としては、第二次大戦後、植民地からの独立を果した発展途上国やそれに同調する社会主義国が、民族解放運動とか自由の戦士（freedom fighter）をテロ行為の定義から外すよう主張したのに対し、旧宗主国を多く含む先進国は、一切の例外を認めずテロ行為そのものの禁止を主張したことが、挙げられよう。これはいわばイデオロギー対立であり、この結果として、国際的に受け入れられる一般的包括的な定義というものは、合意されることなく今日に至っている。

とはいえ、今日テロ行為を肯定や擁護する国はもはや皆無であり、平和で安全な社会に対する重大な脅威として、世界中の国は声を大にして非難している。テロ行為が発生する根源的原因としては、経済的、政治的、社会的差別などが考えられる。しかし、その原因がいかなるものであろうとも、テロ行為が、民主的社会を混乱に陥れ、民主的憲法秩序の崩壊を目的とするものである以上は、まさに民主主義ひいては人類全ての敵である。テロ行為は、誰もがその犠牲者となり得るのであり一般市民の日常生活を破壊するものなのである。

3　テロリズムは、民主的社会を危機に陥れようとするものであるから、しばしば非常に重大な結果を招くものとなる。そのため、発生する結果にのみ重点を置くのではなく、未遂や場合によっては予備の段階での規制をも求められるであろう。更には、犯罪

の抑圧のみならず、予防的観点からの政策的措置もまた重要となってこよう。

とはいえ、テロ行為を抑圧するためとして国家が犯す人権の侵害もまた、テロ行為自体に勝るとも劣らぬ重大な問題を引き起こし得ることは、歴史が教えるところである。人権の最大の保護者である国家は、また人権の最大の侵害者でもある。民主主義を守るために行われるテロ規制措置が、民主的社会における重要な価値である人権を侵害する事態は、場合によっては残念ながら避けることはできないであろう。しかし、こうした措置は、民主的社会を守るためのいわば必要悪であるから、人権の侵害は、あくまでも必要最小限のものに限られなくてはならない。民主主義を破壊しようとするテロ行為から民主主義を守るためとはいえ、民主主義の最も重要な価値の一つである人権を侵害することは、民主主義自身の自殺行為といえようから。

よって、テロ行為に対するいかなる措置といえども、予防的措置を含め、法の支配、人権の尊重、社会正義などといった民主主義の諸原則に合致するものでなくてはならない。国家は、社会の安全と個人の人権が衝突せざるを得ないテロ行為の規制において、公益と私益という相反する利益間にいかなるバランスを取るか、慎重かつ果敢な決断を求められることとなる。

すなわち、テロ行為を規制する措置は、法律に基づき、国の安全とか公共の秩序あるいは他者の権利といった正当な目的を追求するための、民主的社会において必要なものでなくてはならない。言い換えれば、テロ行為に対する国家対策というものは、民主的国家において追求される公共の利益と抑制・抑圧される個人の人権の間に均衡をとって、決定されるべきである。

4　今日においては、テロ行為は、国内問題に留まらず、国境を越えた国際テロ行為へと拡大してきている。テロ行為は、国際社会が団結し共通の行動を起こすことを求めるものとなってきたのである。

今や国連を中心に、例えば、ハイジャック行為、人質を取る行為、テロリストによる爆破行為、テロ行為への資金提供などといった分野やテーマ別にテロ行為を規制する条約が幾つも成立している。そして、これらの条約により、テロ行為として考えられるほとんどの犯罪行為が、現在ではカバーされていると言えよう。

しかし、これらの条約は、締約国を拘束するにすぎない上、テロリストの該当犯罪を起訴し処罰することへの協力を、締約国に求めているにすぎない。テロ行為への実際の対応というものは、これらの条約を組み入れた国内法次第なのである。言い換えれば、テロリストの行為は、専ら国内法により管轄され、テロリストの起訴や処罰は、国内当局に委ねられている。

とはいえ、テロ行為は、国際的な協力なくしては対処し得ないものとなっているのであり、同時にまたテロ行為に対する国内的対応も、国際人権条約や国際慣行といった国際的合意により制約を受けざるを得なくなっている。一言でいって、各国の国内法によるテロ行為規制措置は、国際的な基準に合致する必要がある。

5　本書の内容としては、まず「**1**　国際社会におけるテロリズムの現状とその対応」において、豊富な実務経験を持つ益田哲夫氏は、テロリズムを理解するための基礎知識というべきものを、俯瞰図的に論じる。「**2**　国際社会におけるテロリズムの法的規制」においては、初川は、国際社会は、人権に配慮しつつ、テロリズムの法的規制をいかに行っているかを分析する。「**3**　テロリズム

と武力紛争法」においては、真山全教授は、9.11事件後問題となった、テロとの戦いは戦争なのかという点を中心に、国際人道法の立場から分析する。「**4** 英国におけるテロリズムの法的規制」においては、初川が、テロとの戦いの豊富な経験を有し各国の手本となっている英国の法律を分析する。次いで、「**5** イラクにおけるテロリズムとその対策」において、イラクの事情に精通している元イラク大使でもある門司健次郎氏が、イラクにおけるテロの現状とその意味について、豊富な情報の分析により論ずる。最後に「**6** テロリズムの法的規制と日本」において、国際法のみならず国内法にも深い知識を持つ芹田健太郎教授が、全体のまとめとして、テロの法的規制について国内法を視野に入れつつ論じる。

なお、用語は、いくつもの表記が行われている場合、便宜上可能な限り統一したことをお断りしておきたい。

執筆者一同、我が国におけるテロリズムひいてはその規制に関する議論が一層深まることを、切に希望するところである。

最後に、本書の出版を強く勧めて下さった、信山社の袖山貴氏への感謝を、研究会を代表して記させていただきたい。

2010年5月5日

初川　満

目　次

序　文

1 国際社会におけるテロリズムの現状とその対応
　　　　　　　　　　　　　　　　〔益田哲夫〕… *1*

2 国際社会におけるテロリズムの法的規制
　　　　　　　　　　　　　　　　〔初川　満〕… *39*

3 テロリズムと武力紛争法 ………〔真山　全〕… *69*

4 英国におけるテロリズムの法的規制
　　　　　　　　　　　　　　　　〔初川　満〕… *93*

5 イラクの治安状況及びテロ対策
　　　　　　　　　　　　　　　〔門司健次郎〕… *123*

6 テロリズムの法的規制と日本　〔芹田健太郎〕… *153*

参考文献（巻末）

事項索引（巻末）

国際テロリズム入門

1 国際社会におけるテロリズムの現状とその対応
—9.11テロ事件以降のテロリズムに対する世界の対応を中心に—

益 田 哲 夫

はじめに
1 テロリズムの概況
2 主要なテロ情勢の現状
 (1) 概　観
 (2) 泥沼化の兆候を示すアフガニスタン情勢
 (3) 隣国パキスタン情勢とその影響
 (4) 治安情勢の不安定化が続くイラク情勢
 (5) イエメンで勢力拡大を図るアルカイダ
 (6) ソマリアの海賊問題と国際テロ行為
 (7) インドネシアのテロ情勢
3 国際社会のテロリズム対策とその対応
4 我が国のテロ対策特別措置法
5 最近のテロ事件の教訓とオバマ政権の対応
結　び

はじめに

「国際テロリズム」とは一体何であろうか。その定義には国際的に統一された概念はない。そして、それを実行するテロリストとは誰のことであろうか。アルカイダの組織を構成する人物とは一体どのような人物であろうか。そしてテロリストはどのようにして生まれてくるのであろうか。

国際テロリズム入門　　　　　　　　　　　　　　　　　益田哲夫

　これまで、テロリズムの要因は、貧困を背景にしているといわれてきたが、貧困だけではない要因も多くある。宗教的な動機付けで組織に入り、過激思想の教育を受けた上で、テロ訓練、そして実行に至る場合もあれば、インターネットを使って世界中からリクルートした要員を訓練してテロリストに仕上げることもある。この訓練というのは、テロの手段となる誘拐や暗殺、そして爆発物の扱いなど全ての訓練キャンプでの教育を指す。自爆テロもそうであるが、テロの実行に際しては、事前の周到かつ綿密なテロ

1 国際社会におけるテロリズムの現状とその対応

国際テロリズム入門　　　　　　　　　　　　　　　益田哲夫

実行計画の立案が行われてきた。

　アルカイダ組織は、一体何を目指そうとしてきたのか。それはイスラム原理主義に基づく国家形成、つまりアフガニスタンでタリバンが統治し、イスラム教義に基づく戒律を国民に遵守させ、実現した体制である。アルカイダは、イスラム人口が多い中東・アフリカ地域、南アジア、東南アジア地域などの世界に浸透し、拡大しつつ、その目的を現在も完遂しようとしている。

　このような情勢の下で、国際社会は、国際テロリズムがグローバルな安全保障上の最優先課題であると位置付けて、これまでの認識と現実的な脅威の評価を大きく転換させるなど、その対応を迫られた。特に、2001年9月11日米国同時多発テロ事件（以下、9.11テロ事件と略称）以降、事件当事国である米国をはじめ、国際社会は、テロ実行組織であるアルカイダの組織、思想、主義、その目的、及び実態解明等の具体的な対応策について、国際的な協力を強く求められた。さらにテロ未然防止対策に向けた動きが急務のものとなり、国連機関や様々な国際会議においても具体的な協力、対応措置が推し進められた。

　国際社会は、冷戦構造下での従来の国際紛争とは異なり、グローバルで国境を越えた緩やかなネットワークを有し、イスラム教の教義を楯に世界に「聖戦」を呼び掛けるアルカイダ等の過激組織に対応せざるを得ないという新たな不安定要因を抱えることになったのであるが、はたしてその現実の国際テロ対策は、効果をあげ、解決の見通しが出ているのであろうか。その答えは「否」である。

1　テロリズムの概況

　世界のテロリズム情勢は、現在も厳しい状況のままであり、いつ、どこで、どのような形で重大かつ国際社会を震撼させるようなテロ事件が繰り返されるかは、予断を許さない状況が今日も続いている。我が国に対する「テロの可能性」についても、その可能性が「ゼロ」、あるいは「ゼロリスク」であると誰も言い切れないところに、その未然防止と現実的な対応の厳しさがある。

　9.11テロ事件以降のテロリズム情勢が、好転することなく現在に至っていることは明らかである。世界には、政治的な統治力が脆弱で治安、秩序が混乱し、紛争が続き、テロリズムの源泉となっている地域が現在も多いままである。それらは、中東、アフリカ、南アジア、東南アジアの一部、そして中南米に多く、それらが暴力的な紛争を繰り返してその火種となり、さらにはグローバルなネットワークを構築してアメーバ的拡がりを進めるなど、アルカイダの拠点の温床になっている。

　この地域の人口急増、貧困、社会不安がテロや紛争の主な原因であり、従来型の民族、部族、宗教の対立問題に重なるように、人口の急増問題が個々の国々の政治、治安、経済の社会基盤を不安定化させている。このため、これらの国では、この問題が国家の安定を構築することを妨げ、周辺諸国との対立を惹起させている、というのが実状であろう。

　その中で、国際社会が連携して具体的なテロ対策を講じたとしても、その間隙をぬって過激主義組織や集団は、これに対抗すべくテロ実行犯を育成、訓練し、最新のハイテク技術を駆使した新たなテロ手段を用いたテロ行為を実行しようとしている。このこ

とは、2009年12月25日に起きた米国デトロイト上空での民間航空機爆破テロ未遂事件が示すように、米国情報機関をはじめとする関係機関における情報の共有や一元化、さらにはその活用が、円滑かつ適切に行なわれなかったことの組織的欠陥が明らかになり、外国機関との一層の連携と協力関係の構築が重要であることも指摘されるなど、この問題は国際社会のテロ対策に新たな課題を与える結果となった。

2　主要なテロ情勢の現状

(1)　概　説

　国際社会は、テロ組織の暴挙に立ち向かうために立ち上がり、そのための協力体制を構築してきた。しかし、ブッシュ政権下の米国を主体とする多国籍軍は、アフガニスタンへの攻撃を開始（2001年10月7日）した後、カルザイ政権の樹立と同国の復興を支援し、さらにイラク攻撃（2003年3月19日）を開始してサダム・フセイン政権を崩壊させた。ところが、現在までアフガニスタンにおける米軍、NATO連合軍とタリバン勢力との戦闘は泥沼化の兆候を呈し、他方イラクでも駐留米軍の撤退計画の実施（2009年6月以降）とともにバグダッド中枢部にある政府機関に対するテロ事件が頻発するなど、治安の回復、政治の安定と国家の復興といった、再建に向けた道筋が立たない状況にある。

　しかし、結論的にいえば、9.11から8年という長い年月が経過し、アルカイダとその思想・主義に共感する世界の過激組織に対する規制取り組みは一定の成果を上げたとは言え、それを「撲滅する」などということはそもそも不可能であろうし、宗教論争の分野に立ち入る問題にもなりかねない。そして、世界の指導者たちは、地

球上の国すべてを西欧民主主義型の政治体制に移行させることがいかに困難なものであるかを、当然のこととして認識している。

　無政府あるいは不法地域を根拠地とするアルカイダによる西側諸国に対するテロの可能性は、依然として高いといわざると得ない。アルカイダとその関連テロ組織は、その存在感を誇示するねらいで、世代交代をしながら引き続き無差別、大量殺戮テロを引き起こす可能性は高まる見込みである。

　そこで本稿では、9.11米国同時テロ事件から8年が経過した国際情勢を踏まえて、テロの脅威とその主要な現状はどのようなものであるか、幾つかの例をとりその特異性を概観しつつ、今後の見通しについても言及したい。

(2) 泥沼化の兆候を示すアフガニスタン情勢

　①　アフガニスタン情勢は、過去数年間にあらゆる面で悪化している。特に、ムシャラフ政権交代後のパキスタンにおける政情の不安定に起因するタリバン勢力をはじめとするイスラム過激派勢力によるテロ攻勢は、これまでになく拡大し脅威となっている。米軍やNATOなどの多国籍の駐留軍の存在なくしてはカルザイ政権そのものが存続し得ないほど、その治安情勢の見通しは厳しい。

　アフガニスタン国内では、過去数年間でテロを含む暴力事案が急激に増加し、これまで平穏であった地域にまで戦闘は拡大し、多くの民間人も死亡していることから、アフガニスタンに展開するNATO軍に対する地元住民の支持も大きく減少している。その結果、アフガニスタンに派兵している各国では、国内において兵力撤退を求める圧力が強まっている。このような機運は、オバマ新政権にとって逆風をもたらすことを意味し、米軍による対テ

国際テロリズム入門　　　　　　　　　　　　　　益田哲夫

ロ軍事作戦を強化せざるを得ない状況にある。他方、タリバン勢力が、この優勢な情勢に乗じて首都カブールで自爆テロを相次いで引き起こし、外国人拉致や人質をとるなどといった戦術を用いて、外国人の退去と外国軍部隊のアフガニスタン駐留に対する諸国内の支持を突き崩そうとしていることは明らかである。

　また、アフガニスタン・パキスタン両国間の部族問題は、地理的な線引きを設けて解決される単純な問題ではない。これは、両国間の良好な関係を構築することがいかに困難であるかを示唆している。パキスタンはアフガニスタンの安定にとって非常に重要であることに疑問の余地はないが、両国国境を通じた武装勢力の流れを実質的に止めることができるのであろうか。それが、現実

的に極めて難しいことは、歴史的事実が示している。

② アフガニスタンの正常化を妨げる最大の障害の一つは、国家の再建、もしくはまともな社会基盤の整備に失敗したことである。国連によると、アフガニスタンの生活水準は、サハラ砂漠以南に位置する最貧国5か国を除き世界最低の水準にある。米国主導で実施した軍事行動は、アフガニスタンに進歩と繁栄をもたらす代わりに貧困を拡大させただけであった。さらに同国の麻薬生産は、アフガニスタン経済の3分の1以上を占めていて、世界に供給されているヘロインの92%が、アフガニスタンで生産されているとみられている。しかるに多くの州は、現在軍閥によって支配されており、こういった軍閥の多くは実のところ麻薬王である。これらの勢力は、歴史的にアフガニスタンの不安定な政情の立役者でもあり、麻薬生産によって存続し得たことも事実である。

米国オバマ政権は、アフガニスタンでの戦闘を最優先課題と位置づけ、駐留イラク米軍部隊をアフガニスタンに移駐させることを決めるとともに、さらに3万人規模の増員も決定され、これによって、アフガニスタンに駐留する米軍の兵力規模は6万人強に達することとなる。その背景には、タリバン勢力とアルカイダ勢力の反撃攻勢が激化し、現カルザイ政権の安定化に向けた動きが遅々として進展しないことがあると言えよう。

このような増派と戦死者などの犠牲者が増大する厳しい情勢の中で多国籍の国際治安支援部隊（ISAF）が直面している状況に影響を受け、NATOをはじめ自国軍部隊の派遣国の世論も大きく変化している。特に、アフガニスタンでの戦闘に対しては、イラクの場合と違って一時は米国民の間に比較的支持する声が多かったが、ここへきてその潮流に変化の兆しが見え始め、米国のかかわりの是非の論議も活発化している。これと時を同じくして、アフ

ガニスタンでの戦死者の増加と米軍増派計画が表面化してきたのである。今や米国世論のアフガニスタン戦争に対する支持率が49.8％と過半数を割り込むようになったのは、こうした情勢の変化と大きく関係がある。

同じような現象は英国でも顕著になってきており、増え続ける戦死者の数に対する英国民の苛立ちは、米国民以上ともいえる。世論調査でも、英国軍をアフガニスタンから引き上げるべきとする意見が、全体の67％にも達している。

アフガニスタンでの戦線が拡大すれば、"ネオ・タリバン"と呼ばれる新世代のリーダーに率いられたタリバン勢力と戦火を交える機会が増えるだろう。ネオ・タリバンと呼ばれる武装勢力は、米軍がイラクで対峙していた武装勢力とはかなり異なる。最も異なる点は、イラクの武装勢力と違い、IED（Improvised Explosive Device）と呼ばれる自家製高性能爆発物を多用する点である。そもそもIEDは遠隔操作が可能なため、爆弾のありかを探知することが難しく、武装勢力側も確実に多国籍外国軍にダメージを与えると確信した場合にしか起爆させない。そのため、これを使用されると甚大な人的、物的被害が起きることになる。そのIEDこそが、アフガニスタンでの軍事作戦が困難さを増している最大の理由だと言われている。

欧米諸国を含む多国籍の派遣国は、軍部隊による治安確保以外に民生援助の一環としてアフガニスタン兵士や警察官を訓練し、自分たちの手で治安を確保し、国を守らせるようにする、という方針をとっている。これはイラクでの米軍やNATO軍の基本作戦と同じである。しかし、最近の調査結果によるとアフガニスタンの兵士を通常の兵士に育成するには最低でも今後3年以上の年月を要するといわれる。警察官ともなると、訓練に必要な期間が

さらに長くなるとみられている。このように、アフガニスタンの自前の兵士や警察官を要請することは簡単ではない。安定した政治体制の確立も同時に必要であるが、カルザイ政権に対する一般住民からの支持は下降線の一途を辿り、その安定確立のメドは未だに立っていないのが実情である。

③ 米政権は、アフガニスタンという国家の政治や社会そして治安情勢の変化からこれまでの全面的な軍事支援の方策から、最近になって少しずつその政策スタンスを変えてきている。大統領選挙でかなり大がかりな不正が行なわれたのではないかとの疑惑の真相が明らかになったこととか、米軍兵士の戦死者の数が急増していることや、言われているようなタリバンの殲滅が現実的なものであるのかとか、さらにはアフガニスタンに民主政権を樹立すること自体が不可能なのではないか、などといった多くの疑問が呈されていることも、米国政府の対アフガニスタン政策の方針転換に慎重な動きが出ていることの背景にはありそうだ。オバマ政権の対アフガニスタン政策も、こうした文脈の中で読み取るべきである。米政権内で検討されていることは、いかにアフガニスタンの戦闘"泥沼化"に足をすくわれないで、アルカイダを制圧する戦略を打ち出せるかに尽きるといえる。この点がまさに昨年3月にオバマ政権が打ち出したアフガニスタン政府の基盤強化を最優先課題とする政策目標と戦略からの一大転換なのではないか。

つまり、同政権の最終的な目的は、アルカイダによるアフガニスタンにおける拠点構築の再現を阻み、アルカイダが同国に再び9.11同時テロ以前のような強力な橋頭保を築き上げることを防ぐためである、ということを理解すべきであろう。

米国が描く新たな戦略が功を奏し、増強された米軍やNATO

軍の手によって武装勢力下にある地域の奪還に成功し、事態が改善するまでは、地元住民にとっての治安はむしろ低下することも事実であろう。なぜならば、駐留軍の増加は、武装集団との戦闘激化につながると見なくてはならないが、これはアフガニスタン国民にとっては治安の悪化を意味するからだ。

このような米国のアフガニスタン・シフトが進む中で、イラク情勢の推移も忘れてはならない重要な要素である。米軍の撤退が始まったイラクでは国内情勢がさらに悪化する様相を呈しており、自爆テロも頻繁に発生している。もしイラク情勢が悪化する一方ということになると、アフガニスタンへの悪影響は無視できなくなる。イラク情勢が改善せず、米軍のアフガニスタンへの移駐が遅れるようなことになると、その影響はさらに大きくなるであろう。

(3) 隣国パキスタン情勢とその影響

① 現在南アジアのテロ最前線の一つとして注目されているパ

キスタンのテロ動向に、ここでは目を向けたい。2009年4月ころからパキスタン軍は、アフガニスタン国境に近いスワート渓谷地域を根拠地とするタリバン勢力の掃討を目指した作戦を続け、現在同地域でほぼ完全に制圧することに成功したとされ、政府及び軍首脳もこの掃討作戦に自信を得たようである。避難していた住民も渓谷地域に戻り、住民らのタリバンに対する反発は一段と高まったようだ。スワートで捉えられたタリバンたちは、裁判にかけられることなく治安当局の手によって現地で処刑されているとも伝えられる。タリバンを諸悪の根源とみなし、タリバンによる数々の蛮行を目の当たりにしてきた現地住民は、タリバンの処刑をむしろ歓迎したとさえいわれている。

しかし、スワート渓谷地帯で、政府軍がこれまでになくタリバンに対する過酷な処刑を実施していることを受け、タリバン勢力側が依然勢力を維持している戦闘地域では、タリバンによる政府軍への同様の報復テロが繰り返されている。こうしたことから、パキスタンの主要都市でのタリバンによるテロが激化するのではないかといわれていたが、実際にその動きが昨年秋口から顕著化し現実のものとなった。首都イスラマバード郊外ラワルピンディにある陸軍司令部が占拠された事件をはじめ、アフガニスタン国境に近いパキスタン西北部で起きたテロ事件も、そうした流れの一環と見られている。スワート渓谷以外の地域でも、依然としてタリバン勢力の影響は根強い。

② また、パキスタン政府軍は、スワート渓谷地域と違って南ワジリスタン地区で総攻撃を開始するには十分な準備ができていない。このため、掃討作戦はもっぱらタリバン勢力を遠巻きに包囲し、封鎖状態にして遠距離から砲撃を加えるとともに、無人攻撃機による攻撃に止まっている。これに対しタリバン側は、もっ

国際テロリズム入門

益田哲夫

ぱらロケット弾攻撃で反撃しているという状況にある。パキスタン政府は、既に軍による総攻撃を命令しているものの、タリバンの防御は依然固く、これを攻め落とすためには相当困難な作戦を強いられることが想定され、長期化する軍費の調達と兵站補給、そして大きな人的犠牲を伴うとみられている。攻撃作戦の一つとして大規模な空爆作戦も考えられるが、その場合は一般地域住民（タリバンとの区分が困難）にも相当な数の犠牲者が出ると予想されるだけに、国民感情を踏まえるとなかなか政府及び軍は踏み切れないでいる。

とはいえ、パキスタン軍がスワート渓谷地域の治安をほぼ掌握したとの情報は、パキスタン政府が同国の治安と安定を守るために、いかなる犠牲を払ってでも武装勢力と戦う用意があるとの重要なメッセージを、国民および西側に送ったことを意味する。パキスタン政府軍がすべての戦場でタリバン勢力を制圧したというのは、誇張した発表であろうが。なお、政府軍は雪解け後の春には、南ワジリスタンに総攻撃を仕掛けると言われているが、果たして実現するのかどうかは、ザルダリ政権の判断というよりも軍部の意向次第であろう。

現在アフガニスタン国境沿いのパキスタン側部族地帯で激しい戦闘が続いているが、タリバン勢力は政府軍による攻撃を止めさせるために、国境沿いの町々や首都イスラマバードなどパキスタンの主要都市をねらったテロ攻撃を繰り返している。実際、パキスタンの主要都市や外国人や外国の権益施設、あるいはパキスタン軍施設を標的とした自爆テロが、頻繁に起きている。

③　このようにパキスタンのタリバン勢力に対する掃討作戦は、アフガニスタンにおけるタリバン勢力の米軍、NATO軍に対する攻勢にもリンクしていることは明らかである。しかし、アフガニ

スタン領内で戦況不利になるとパキスタン側に逃げ込み、戦闘体制を立て直して改めてアフガニスタンに侵攻するタリバン勢力の戦闘パターンはこれまでとなんら変わっていない。パキスタン政府がそこまで踏み切れない国内の政治事情があることも否めない。パキスタン政府軍の本格的なタリバン掃討作戦が実行されない限り、アフガニスタンにおけるタリバン攻勢の根源を絶やすことは不可能である。パキスタン情勢は、当然ながら隣国アフガニスタンの治安情勢にも大きな影響を与え、オバマ政権のアフガニスタン政策、特に米軍部隊を増派するかといった問題にも大きく掛ってくることは明らかである。

(4) 治安情勢の不安定化が続くイラク情勢

このような米国のアフガニスタン・シフトが進む中で、イラク情勢の推移も忘れてはならない重要な要素である。米軍の撤退が始まったイラクでは、国内の治安情勢がさらに悪化する様相を呈し

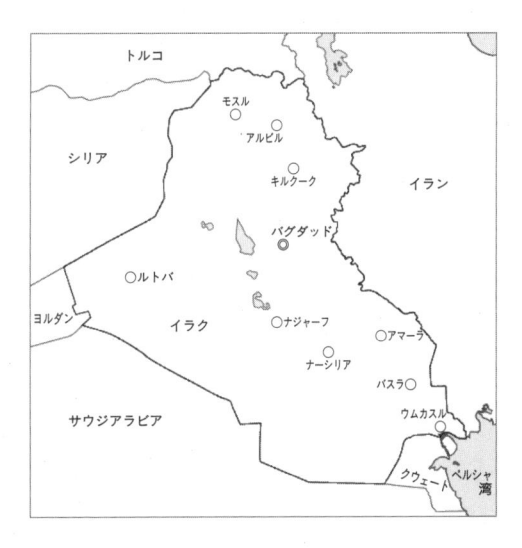

ており、自爆テロも頻繁に発生している。もしイラク情勢が悪化する一方ということになると、アフガニスタンへの悪影響は無視できなくなる。イラク情勢が改善せず、米軍のアフガニスタンへの移駐が遅れるようなことになると、その影響はさらに大きくなるであろう。

　イラク情勢については、中東地域全体の今後の政治的安定と切り離せない問題であり、周辺国や関係諸国への影響も大きいだけに、その推移に目を離せない。2009年8月、10月、12月にバグダッド中心部にある政府機関に対する爆弾テロ攻撃や2010年1月に起きた外国人が多く利用するホテル3か所での同時多発テロ事件そして内務省関連施設に対する連日のテロ事件は、マーリキ政権の治安、統治能力が改めて問われる問題となっている。なによりも懸念されるのは、3月に実施される予定の総選挙に向けたイスラム教の宗派対立、イラク政権の中核支持母体であるシーア派勢力の内部抗争、そしてイラク北部のクルド人勢力との争いが激化の様相を見せていることであり、イラクの安定にとって大きな障害となっている。

　このようなイラクの治安、政治の不安定な状況は、米国に新たなジレンマをもたらしている。2007年から翌年にかけエスカレートする一方だった宗派間あるいは民族間紛争を沈静化したのはイラク国軍や内務省治安部隊ではなく、増強された米軍の力によるものだったという前例もあり、米軍撤退を疑問視する声も聞こえてくる。既に実行に移されている米軍撤退計画、つまり2010年夏までにまず全戦闘部隊を、さらに2011年末までに残りの兵員を全てイラクから引き上げる、という計画が予定通り進むのかどうかについては、3月7日の総選挙の結果が重大な判断材料となろう。

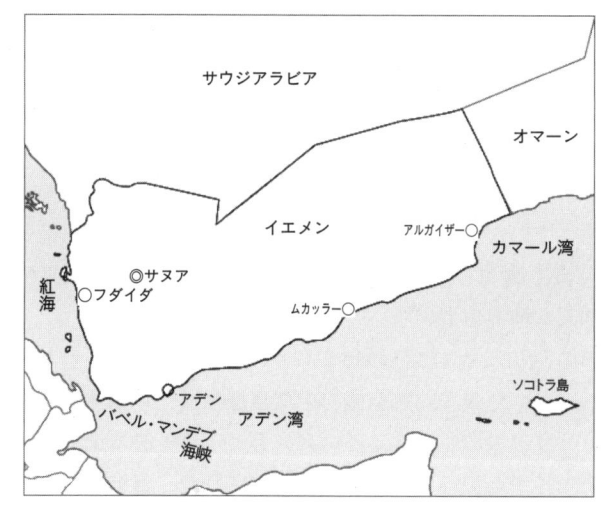

(5) イエメンで勢力拡大を図るアルカイダ

 イエメン政府軍は、反政府勢力を鎮圧しようと躍起だが、サウジアラビアとイエメンを拠点とするアルカイダ勢力がイエメンで合流し、同国内で広まっているアル・ホースィ派反政府軍と共闘して、同国内の政治的混乱に拍車をかけている。アルカイダとの合流で反政府勢力はさらに戦闘力を増強し、今ではイエメンがアルカイダの一大国際拠点と化しているともいわれる。

 イエメンにおけるアルカイダの拠点は、かつてのアフガニスタンのテロ訓練拠点に代わり世界中の多くのジハード志願の若者を惹きつけているといわれる。実際、西側の若者も含め多数のジハード志願者が、アフガニスタンの訓練施設に代わって当地に集まっていると証言する声も少なくない。そのため米軍当局は、兵士の訓練や武器援助、さらには情報面での支援や空爆支援などを通じて、イエメン軍の強化ひいてはイエメン軍全体の底上げを図っている。

国際テロリズム入門　　　　　　　　　　　　　　　　　益田哲夫

　2009年12月17日には、イエメン軍は同時に3か所のアルカイダの拠点を攻撃し40人を殺害し数十人を拘束したが、この攻撃では数多くの一般市民、女性、子供が巻き添えで死亡したといわれる。なお、この攻撃については、アルカイダ側からは、米軍機が攻撃に加わっていたとの非難の声が聞かれ、米軍に対する報復は必至と警告している。また、イエメン軍が12月24日にアルカイダ幹部が集結していた会合を攻撃した際には、アルカイダ幹部指導者などの殺害に成功し、さらに同28日の攻撃ではアルカイダのメンバー29人を捕捉している。

　昨年のクリスマスに合わせて、アムステルダムからデトロイトに向かっていた米民間航空機の中で自爆未遂テロ事件を起こしたナイジェリア人の犯人は、イエメンのアルカイダ基地で訓練を受けた上で指令と犯行に使う爆発物を渡された、と供述しているといわれる。もっとも、この自爆未遂テロ事件の犯人は、イエメンのアルカイダ・キャンプで訓練を受けて犯行に及ぼうとした可能性はあるが、自爆計画の方法ややり口からみるとアルカイダ独自の犯行とは言いきれない不明な部分も残されていることから、イエメンのアルカイダの拠点への攻撃に対する報復というより、攻撃はもっと以前から計画されたものではないかとも思われる。

　いずれにせよアルカイダは、クリスマス休暇に合わせた自爆事件に対する犯行声明を発表し、イエメンのアルカイダ拠点の攻撃に対する報復が目的だったと強調した。犯行声明は、今後「大使館に勤務する者も含めあらゆるイスラムの敵を殺害し、アラビア半島から"異教徒"を追い出すべきだ」とも宣言している。

(6)　ソマリア沖の海賊問題と国際テロ行為

　近年脚光を浴びている海賊問題は、あくまでも犯罪行為である

1 国際社会におけるテロリズムの現状とその対応

[地図: スーダン、エチオピア（アディス・アベバ）、ジブチ、アデン湾、ソマリア半島、ソマリア、モガディシオ、ウガンダ、ケニア、ナイロビ、タンザニア、ダル・エス・サラーム、インド洋]

ことを忘れてはならない。海賊の目的は金だけで、むしろテロとの戦いに巻き込まれないように、アルカイダとの接触は極力避けているとも言われる。

　今日では、ソマリアは長引く内乱と政府の不在状態が続く中、海賊が跋扈する国として脚光を浴びるようになった。ところが、同国が国際的に問題国として重視され始めたのは、海賊問題だけではなく、もっと深刻な国際テロとの兼ね合いが出てきたからで

国際テロリズム入門　　　　　　　　　　　　　　　　　　　　益田哲夫

ある。つまり、アルカイダが、同国をテロの拠点基地にしようとしているからである。

今日、ソマリアは、東アフリカやアフリカの角に面するインド洋やオセアニア海域からオーストラリアに至る地域でのテロ攻撃の活動根拠地になっている兆しがみられるなど、世界の安定を脅かしかねないアルカイダの強力な拠点となろうとしている。つまりソマリアは、アルカイダの世界戦略を支えるテロリストの勢力拡大や訓練の基地として、ますますその役割を強めているといえる。

ソマリアのアルカイダの関連組織としては、アルシャバブとヒスブル・イスラムがある。アルシャバブは、数千人のテロリストを抱え、ソマリア南部の広大な地域を支配下においているが、最近もう一つの過激派グループであるヒスブル・イスラムと手を結んで、アフリカ同盟軍の支援を受け自らも5,000人規模の軍を持つ正統ながら脆弱な中央政府の存在を脅かしている。政府軍にてこ入れを始めた同盟軍は、ソマリアでそれなりの存在感を示し戦力ではるかに勝る武装勢力に、最近の戦闘では手ひどい敗北を喫した。

ソマリアでの戦闘で懸念されるのは、反政府武装集団に外国人が多数含まれていることである。この点は、イラクやアフガニスタンでの状況とよく似ている。どうやらイスラム過激派武装集団ジハードが、その組織力を活用して若いイスラム教徒をソマリアに集め、世界中で即戦力として使えるジハードのテロリストとしての訓練を、実戦を通して行なっている可能性が強い。

テロに関して言えば、アルカイダ系組織にとってソマリアは理想的な根拠地であり、ここをベースに西側諸国やケニヤ、エチオピアといったアフリカ諸国でのテロ攻撃の計画を練ったり準備し

国際テロリズム入門　　　　　　　　　　　　　　　　　　　益田哲夫

たりすることができる。そして、いまのところ、ソマリアの混乱を終息させるような政治的あるいは軍事的な解決策は見当たらず、当面は同国の混乱状態が続くと見なくてはなるまい。

(7) インドネシアのテロ情勢

　昨年7月にインドネシア中部ジャワで起きたテロ事件の捜査過程で、インドネシア国内のイスラム過激派と中東の過激派のつながりが明確になった。このことを証拠立てる事実のひとつが、資金の流れを遡った結果サウジアラビアに行きついた、ということである。捜査の結果、連続テロを可能にした資金が、インドネシアに"運び屋"の手で6月に密かに持ち込まれた可能性が強まった。また、インドネシアのテロ細胞が、国際的なジハード組織につながっていることも確認された。2003年の首都ジャカルタにあるマリオットホテル爆破テロ事件でも、アルカイダの手でパキスタンとタイから工作資金が持ち込まれたとされる。

　特に、ノルディン・トップに率いられてきたインドネシアのアルカイダ系組織とされるジェマ・イスラミアは、依然として大きな脅威である。組織の規模は小さいかも知れないが全国的な広が

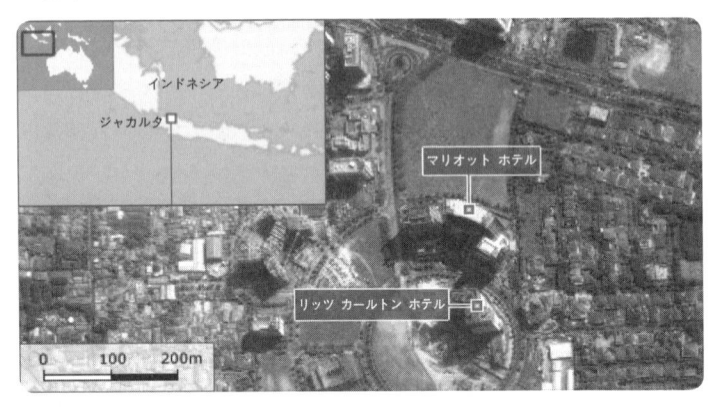

りを見せており、よく訓練された要員を抱えているともいわれる。また、インドネシア国内には、イスラム過激派に対し同情する国民が、ごく一部とはいえ存在することも事実である。こうした過激派支持者たちは、イスラム過激派ジェマ・イスラミアの精神的指導者であるアブ・バカル・バシルに惹かれた者たちで、西部および中部ジャワに多い。当局によって摘発された武器の隠し場所での警察との銃撃戦により死亡した2人の容疑者の葬儀に、数百人の会葬者がいたことからも、隠れた支持者たちが実際にいることを示している。会葬者たちは、ジハードや自爆テロリストを大声で称賛し、射殺された2人を殉教者だとして説教を行なった精神的指導者の声に、熱心に耳を傾けた。

インドネシアの過激派集団の数は少なく、孤立しており、常に当局の目を警戒しながら生活している。とはいえ、件数こそ少ないが、それでもかなり危険なテロ攻撃をしかけるだけの力量は持っているとされる。

3　国際社会のテロリズム対策とその対応

(1) 概　説

国際社会は、2001年9月11日の米国同時多発テロ事件以降、イスラム過激派テロ組織の暴挙に立ち向かうために立ち上がり、そのための協力体制を構築してきた。

国連をはじめとして、国際諸機関は各国の協力、連携を通じて、テロ撲滅に向けた動きを強め、現在もそのためにあらゆる努力を続けている。しかし、9.11テロ事件から8年という歳月が経過し、アルカイダとその思想・主義に共感する世界の過激組織に対する規制取り組みでは一定の成果を上げているとは言え、現実の国際

国際テロリズム入門　　　　　　　　　　　　　　　　　　益田哲夫

テロ情勢が、現在も厳しい状況にあることにはなんら変わりはないのであり、テロの根絶がいかに困難であるかは明らかである。今後も、政治的不安定が続く無政府あるいは不法地域を根拠地とするアルカイダが、イスラム教議の原理に反するとする中東地域の政治体制や西側諸国の権益施設を標的にしたテロを惹起させる可能性は、依然として高いといわざると得ない。今後、アルカイダとその関連テロ組織が、世代交代をしながらその存在感を誇示するねらいで、あらためて大規模なテロ事案を引き起こす可能性は高くなるかもしれない。

(2) 国際機関等の対応策

① 国連は、9.11テロ事件の翌日、これまでのテロ行為防止関連条約と安保理決議の完全な実施を求める安保理決議1368を採択、同年9月28日にはテロ組織に対する資金供与禁止等を盛り込んだ包括的な安保理決議1373が採択され、国連テロ対策委員会が設置された。その後も、重大テロ事件の発生に呼応して新たな決議が採択され、国際社会がテロリストとその支援者を発見し、司法の場で裁かれることを訴えた。

② Ｇ８主要国首脳会議は、国連の決議採択を踏まえて、テロ対策の強化と協力を推進し、分野別の専門家会議、司法・法務大臣等の閣僚級会合、そして首脳会議における対応を協議した。特に、関係国の異なる対テロ法整備状況などの国内事情を踏まえた国際協力をどのように進めるのかなどが論議されたが、国際テロリズムだけではなく大量破壊兵器の拡散問題等における協議も大きな焦点となった。

③ EUでは、2005年7月のロンドンでの同時多発テロ事件を踏まえて、テロの脅威が欧州地域にも拡散しその脅威が増大して

いる、として新たなテロ対策の強化が求められた。特に司法・内相級の会合において法執行機関間の情報交換や捜査協力の方策が協議されたが、加盟国の国内事情の違いから、捜査権限の範囲等では合意が得られないものもあった。

④　中東地域、東南アジア地域では、各種の地域連合組織やフォーラムにおいてテロ対策が重要なアジェンダとして取り上げられ、様々な分野別の専門家会議や専門家の育成のための研修が行なわれた。

(3)　主要諸国のテロ対策の概要

以下に、9.11テロ事件以降の主要諸国のテロ対策を概観的に整理しておきたい。

①　米　国

2001年1月に第43代大統領に就任し発足したブッシュ政権は、9.11テロ事件を契機に、「テロとの戦争」に向けた相次ぐテロ対策、関連の法整備、そして国連をはじめとする国際社会との協調を呼び掛けるなど、テロ対策と防止に向けた措置を強化した。さらに同国では、9.11テロ事件からわずか1か月余で米国内のテロに対する安全確保を主眼とした「2001年愛国者法」を制定し、捜査権限の強化、拡大、テロ組織の資金源の断絶、テロリストの水際での入国阻止、重要社会インフラ施設の警備、防衛強化、諜報・情報機関の活動、そして連邦、州、地方、郡との協力に至る、極めて広範囲な内容について詳細に規定した。このほか、国家としての対テロ戦略を踏まえて、諸々のテロ関連法が制定された。

そして、テロ情勢の急激な変化の中で、米国は2001年10月アフガニスタン攻撃を開始し、さらに2003年3月には大量破壊兵器の保有を理由にサダム・フセイン政権打倒を目指したイラク攻撃作

国際テロリズム入門　　　　　　　　　　　　　　　　益 田 哲 夫

戦を展開した。しかし、これらの戦争はブッシュ政権下で終結の幕を引かれることなく、オバマ政権が引き継ぐ形で現在も治安維持のために駐留米軍の関与が続いており、国際社会の安全保障上

2001年以降に発令、発表、そして制定された主要テロ関連の法令等一覧

2001年	・大統領令第13224号（Executive Order No.13224）9.23発令 ・*2001年「米国愛国者法」（U.S.A PATRIOT Act of 2001）制定*
2002年	・「国土安全保障勧告システム」（Homeland Security Advisory System）の設立を求める国土安全保障大統領令3の発令 ・ブッシュ大統領の「国土安全保障国家戦略」（National Security for Homeland Security）発表 ・ブッシュ大統領による「国土国家安全保障戦略」（National Security Strategy）の発表 ・*2002年国土安全保障法（Homeland Security Act of 2002）制定* ・「2002年国境保全向上、及び入国査証改革法」（独立調査委員会の設置）
2003年	・ブッシュ大統領による「対テロ国家戦略」（National Strategy for Combating Terrorism）
2004年	・国家安全保障省戦略計画（The DHS Strategy Plan）発表（独立委員会最終報告書発表。7.22） ・*2004インテリジェンス改革及びテロ防止法（Intelligence Reform and Terrorism Prevention Act of 2004）制定*
2005年	・2005年「REAL ID法」（正式名称は、下院法案418号であり、州が発行する運転免許証の統一基準を定めるための法案が2005年5月11日に成立）

出典：米国連邦議会図書館議会調査局の資料に基づく国立国会図書館発行の『外国の立法』の特集テロリズム対策の「9.11同時多発テロ事件以後の米国におけるテロリズム対策」

の脅威の源泉として重大かつ難題を積み残したままとなっている。

2009年1月に発足したバラク・オバマ新大統領の新政権は、「変革」を標榜し、イラク駐留米軍の撤退、アフガニスタンでの駐留米軍の増派、NATOの役割拡大を発表してアルカイダ等へのテロ対策問題に対処すべき新たな戦略構想を打ち出した。

② 英 国

英国は、9.11テロ事件後、米国ブッシュ政権が推し進めたテロ対策を支持し、軍事面の協力をはじめ、あらゆる分野で貢献したといえる。国際的には、国連の安保理決議1373号の履行に基づく対応を進め、包括的なテロ対策の必要性を国際社会に訴えて、米国との足並みをそろえて動いた。英国は、自国のテロ問題として北アイルランド問題を抱えた歴史から、1974年に「テロ行為防止法」が成立しており、その後追加措置も講じられるなどの法改正が行なわれてきた。

そして、2000年には、自国のイスラム社会の存在を踏まえて、包括的な「2000年テロ行為法」が制定され、テロの定義、テロ組織の指定、テロ行為を目的とした資金の提供やマネーロンダリングの処罰化などを明記した。しかし、9.11テロ事件後、同法をさらに強化するために、「2001年対テロ行為、犯罪、及び治安法」が制定され、テロ資産の凍結を規定し、出入国や庇護、そしてテロ犯罪の防止など多岐にわたる規制がもりこまれた。

さらに、2005年には、時限立法の「テロ行為防止法」が成立し、内務大臣にテロ行為に関する裁量権を付与した。ところが、同年ロンドンで相次いだテロ事件で、英国で教育を受けた、いわゆるホームグローンのテロリストの存在が明るみとなり、その対応のために、テロの称揚であるとかテロ目的の訓練をも規定する「2006年テロ行為法」が新たに制定された。

③ ドイツ

ドイツでは、9.11テロ事件の主要実行犯が自国に留学していたことを踏まえて、米国との連携を進め、特にアフガニスタンの治安維持のために国際治安支援部隊（ISAF）に軍部隊をはじめとする支援人員を派遣した。国内的には、テロ対策強化のための宗教団体の活動規制や国内のテロ組織及び構成員の取り締まりなど、規制措置のための法制度の整備が行なわれた。また、同国の連邦、州の治安、情報関係機関の権限、手続き等についても強化、調整が進められた。

④ フランス

フランスは、アフリカの幾つかの国の宗主国であった事情から歴史的に大きなイスラム人口を抱え、宗教的動機によるテロ事件が80年代、90年代と続き、治安対策やテロ対策は強化されてきていた。

法制面でも、9.11テロ事件を踏まえて、「日常生活の安全に関する法律」が補強修正され、テロ資金供与罪が加えられた。同国の場合、他の国と異なりテロ事件に関する捜査権限が、パリの大審裁判所の予審判事に集中されていることが特徴である。また、テロ対策の関係機関の調整や情報の集約を図る「テロ対策調整室」（UCLAT）権限が強化されている。

4　我が国のテロ対策特別措置法

我が国では、「テロ対策特別措置法」（平成13年9月11日のアメリカ合衆国において発生したテロリストによる攻撃等に対応して行なわれる国際連合憲章の目的達成のための諸外国の活動に対して我が国が実施する措置及び関連する国際連合決議等に基づく人道的措置に関す

る特別措置法（平成13年11月2日法律第113号））に基づくインド洋における海上自衛隊による給油、給水活動の継続が開始されたが、新政権の発足によって、同法の期限が切れる2010年1月以降の期限延長が中断された。

同法の目的は、内閣官房のホームページに次のように明記されている。

「この法律は、平成13年9月11日に米国で発生したテロリストによる攻撃（「テロ攻撃」）が国連安保理決議1368において国際の平和と安全に対する脅威と認められたことを踏まえ、あわせて、安保理決議1267、1269、1333その他の安保理決議が、国際テロリズムの行為を非難し、国連加盟国に対しその防止のために適切な措置をとるよう求めていることにかんがみ、我が国が国際的なテロリズムの防止・根絶のための国際社会の取組に積極的かつ主体的に寄与するため、次の事項を定め、もって我が国を含む国際社会の平和及び安全の確保に資することを目的とする。

・ テロ攻撃による脅威の除去に務めることにより国連憲章の目的達成に寄与する米国等の軍隊等（「諸外国の軍隊等」）の活動に対して、我が国が実施する措置等
・ 国連決議又は国際連合等の要請に基づき、我が国が人道的精神に基づいて実施する措置等」

この目的からも、同法が、国連安保理決議を踏まえていること、そして我が国が国際的なテロリズムの防止・根絶のための国際社会の取組に積極的かつ主体的に寄与するためであることを、明確に示している。これは、まさに国際社会に対する公約であり、政権が交代したとしても現在もそれは普遍のものであるべきであろう。

2001年9月11日の想定しない惨殺なテロ事件の発生に、世界が

震撼し、その直後のテロ情勢の現状認識としては、首都東京で米国同様の同時多発テロ事件が勃発した場合どのような事態になるのか、日本がアルカイダからのテロ標的の対象になっていないのか、アルカイダのメンバーが国内にいないのか、そして日本がやるべきテロ対策とは何であるのかなどが、政官一体で積極的かつ綿密に検討された経緯がある。その中で、この法律が当時我が国として最低限の方策であり、国際社会の動きに協調できるものとして制定された。そして、2004年12月には「テロの未然防止に関する行動計画」が策定され、政府の対テロ方針と措置が明文化された。当時の情勢は想像以上に緊迫した厳しいものであり、世界の安全保障における最大の脅威がイスラム過激派アルカイダによるテロであるとの認識が、国際社会では共通のものであった。現政権のテロ対策に対する基本的な理念も方策も見えない中で、どのような国際協調が進められるのか危惧される。このままでは日本だけが、テロ対策の分野でも国際社会の中で「孤立」するのではなかろうか。

5 最近の航空機テロ未遂事件とオバマ政権の対応

(1) 事件の概要

アルカイダが現在も、航空機テロ作戦を戦術として綿密に企図し実行しようとしていることを実証する衝撃的な事件が、米国で2009年12月25日に再び起きた。事件は、幸いに標的機の着陸直前に乗客の機転によって実行犯人が取り押さえられたことから、未然に爆破を阻止することができた。しかし、「もし」自爆テロが成功していたとしたら、米国本土での航空機テロ事件の悪夢の再現となる大惨事につながった可能性がある。

今回のテロ未遂事件は、ナイジェリア国籍でロンドン大学工学部学生のウマール・ファルーク・アブドルムタラブ容疑者（23歳、以下アブドルムタラブと略称）が、爆発物を下着の中に縫いこみ、オランダ・アムステルダムのスキポール国際空港から米国ミシガン州デトロイト行きの航空機に搭乗して、到着目前に機内で爆発させることを企図した航空機テロである。

　テロ未遂容疑者の父親は、ナイジェリアの裕福な銀行家である。当局の調べによると、同容疑者は、昨年中に幾度かイエメンのイスラム過激派の導師（イマーム）であるアンワル・アル・アウラキと電子メールを交換していたことが判明している。アウラキ師は米国生まれのイマームで、イスラム教義を過激思想に解釈した教えに教化されイエメンに移住した、という経歴の持ち主である。

　アブドルムタラブがイスラムの過激思想に教化されるまでには、それなりの長い精神的葛藤の経緯があったと見られている。例えば、イスラム教のウェブサイト上のフォーラムでは、現代西洋文化とイスラム教の価値観をどうやって融合させたらよいかなどの悩みや苦悩を訴えていたようである。そして、アブドルムタラブ容疑者は、自分自身の精神的な葛藤や思いが完全に整理できないままにイエメンに入国したようであり、ここでイスラム教義の原理、教理の研究に没頭し、さらに過激思想に共感するようになったと見られる。

　その結果、同人は過激思想に完全に取り憑かれ、昨年暮れの旅客機爆破未遂テロの実行組織として名乗りを上げた「アラビア半島のアルカイダ」（AQAP）の一員に加わったのであろう。今回のテロ計画を実行する以前に、同人は少なくとも1か月間の事前の訓練を受けたことが明らかになっており、その間に諸空港のセキュリティーチェックをすり抜ける方法と爆発物を下着に縫い付

けるなどの爆発物の取り扱いマニュアルの習得など、自爆テロ実行者に必要な基本技術の訓練を受けたことは明らかである。

(2) この事件は何を問題提起したのか

① アブドルムタラブ容疑者の計画実行までの経緯と渡航ルート

同容疑者は、イエメンのアルカイダのメンバーから爆発物を受け取り、指示通りに本人の下着に縫いつけ、先ず出発地のエチオピアに移動し、12月9日に同地を発ち、その後ガーナ、ナイジェリア・ラゴス（24日）の各国の国際空港を経由してアムステルダムのスキポール国際空港に到着した。同容疑者は、そこから最終目的地であるデトロイトに向かっている。この間、複数の航空会社、航空機を乗り継いでいるが、各国の国際空港の金属探知機や爆発物検知及び透視装置ではまったく怪しまれることがなかったことは明らかであり、それは米国デトロイト上空まで搭乗できたことが証明している。このことがテロ対策上の最大の問題であろう。

同容疑者は、爆発物約80グラムが入った約15センチの包みを下着に縫い込み、空港の保安検査をくぐり抜けて機内に持ち込んだが、手製の簡易爆破装置がうまく作動せず、爆発しなかったとされる。身に着けていた爆発物は、PETNと呼ばれる強力なプラスチック爆薬である。この種の爆薬は、中東地域の自爆テロでよく使われることで知られているが、現在世界中で使用されている爆発物の危険検知や探知装置機器で発見できなかったことは、今後のテロ防止に大いに不安を残すこととなった。

③ 同人の関連する事前情報の有無

アブドルムタラブ容疑者は、すでに情報・治安関係機関の要注

意人物として、2年前からアルカイダとの関与を疑われていた人物であり、本来国際空港の搭乗手続きの窓口段階で危険人物として搭乗を阻止されるべきであった。

世界の主要各空港のチェックシステムそのものは、最新のハイテクを駆使した監視機器とスクリーニング設備を備えた性能を持ち、仮にテロ関連の犯罪暦や前科などが記録されていなくても、対象者を複雑にパターン化されたチェックリストでふるいにかけ、要注意人物として摘出できるだけの性能があるはずである。ただ、仮に不審な点があったとしても、その不審者を搭乗させるかどうかの最終的な判断を下すのは、最新鋭の機器ではなく、諸国の情報機関、捜査関係機関及び関係機関当局の専門担当者による判断であり、「人間」であることを忘れてはならない。

もうひとつの重要な問題は、同容疑者がイスラムの過激思想に染まり、要注意人物リストに掲載される以前に、米国への入国ビザを既に取得済みであったことである。どのようにして、取得できたのであろうか。その経緯は今後、国務省によって追跡され明らかにされるであろうが、今回事件の教訓の一つは、入国ビザを取得した後に過激派メンバーに転じたテロリストたちを、どのようにして見つけ出し摘発するのか。このことは、今後に残された重要な難題であろう。

(3) オバマ政権の対応

今回のテロ未遂事件を巡って、米国議会では現在活発な論議が繰り広げられている。オバマ大統領は、テロ計画の存在を示唆する情報材料は十分あったが、情報機関や治安当局がこれらの重要な材料をつき合わせて総合的判断を下すことに失敗したと今回の事件を総括する一方、情報の収集に手抜かりがあったのではなく、

収集した情報を総合的に検討しその意味するところを的確に判断できなかった点が問題であった、と強調した。そして、オバマ大統領はすべての連邦機関に対して、テロに関する情報のフォローアップにおける関係組織間の責任とテロリストのブラックリストに登載する基準とを明確化し、各空港における安全確保のためのチェック体制の強化を指示した。

(4) 今後のテロ対策への教訓

今回の米国で起きた航空機爆破未遂テロ事件を教訓として、今後のテロ対策と安全確保のために留意しておくべきことは、次の通りであろう。

① アルカイダとその関連組織は、国際航空路を精査して利用し、航空機を標的としたテロを企図するであろうから、テロリズムの脅威は今後も続くであろう。テロ組織は、空港の最新鋭防犯システムの弱点を常に研究し、国際社会の対テロ政策の裏をかくようなIT高度技術の水準を維持していると考えられる。

② テロ組織は、常に最先端技術を利用したテロ戦術を画策しているだけに、捜査当局も空港その他の施設における安全システムの向上、改善を怠ってはならず、それに携わる人材の育成、教育にもさらに一層の予算投入と努力が要求されている。

③ テロ対策のための情報収集は、確かにテロ対策には不可欠のものであるが、それでも空港でのチェック機能の重要性に勝るものはないであろう。今回の航空機爆破未遂テロ事件の場合も、空港の安全システム、特に、容疑者の身元情報の管理がもっとしっかりなされていたならば、同人はアムステル

ダムのスキポール国際空港で拘束できたはずである。

　各国政府の関係機関の情報共有と連携対応が不十分であると、このような事態に陥ることになる。また、入手された情報が、情報機関、捜査機関、そして政府関係機関の縦割り組織の下で個々に保有され、リンクされることなく情報そのものがばらばらにデータとして保管されたままでは、インテリジェンスに至ることなく、政府のトップの施策に寄与することにならないことは明白である。個々の情報の"点"と"点"をつなぎ合わせて全体像がつかめれば、最終的な対応措置が取られることが可能となる。そのような対応を抜きにしては、最先端の技術を駆使した航空安全システムも十分に機能せず活用をされないことになる。

　アブドルムタラブ容疑者の場合、米国政府機関が保有する55万人を対象とするテロリストの基礎的なブラックリストには名前が登録されていたが、諸国の国際空港でより厳しいチェックを課している15,000人分のブラックリストには含まれていなかった。さらには、航空機への搭乗が拒否され、禁止される4,000人のブラックリストには当然ながら掲載されていなかった。

　要するに、同容疑者の場合のように、断片的な情報が存在するだけでは、よほど際立った情報でもない限り、国際的な航空治安システムの中で赤信号を始動させることはできないということであろう。このことは逆に、正確なパラメーター（基本特性）にのっとったプロファイリング（人間分析）が的確に作動すれば、テロ前歴のない同容疑者のようなテロリストであろうとも、その渡航手続きや空港への侵入、ましてや航空機搭乗などは阻止できたはずである。

結　び

　9.11米国同時多発テロ事件以降、新たな国家機関が創設されるなどテロ対策がかつてないほど強化された米国で、昨年末のような事件が起きたことから得られる「教訓」は、単に米国だけの問題でなく、我が国にも当てはまることを念頭に置くべきであろう。

　この事件は、これまでテロ対策に莫大な予算を投入して対応してきた国際社会に衝撃を与え、その対応措置の組織的な見直しが改めて問われている。当然ながら、同様の事態が起きた場合の我が国の対応は、どうなっているのであろうか。

　2001年（平成13年）に制定された「テロ対策特別措置法」は、我が国が国連安保理の対テロ決議を踏襲し、国際的なテロリズムの防止・根絶のための国際社会の取り組みに積極的かつ主体的に寄与するためのものであり、国際公約でもある。これに代わるものものとして、我が国がテロ最前線のアフガニスタン、パキスタンにどのような形で民生支援を進めるかは、インド洋での給油、給水活動とは比較にならないほど困難な課題であることは衆知の事実である。我が国がこれから本格的にテロ最前線の国々の復興、再建事業に取り組むことになるとすれば、先ず、すべての活動が安全に実施されるための治安の確保、維持を前提とせざるを得ない。ハイ・リスク地域で「リスク・ゼロ」の活動などはありえない。

　アルカイダがさらにグローバル化し、国際テロ情勢の厳しさと脅威が増大する中で、我が国だけが現状のテロ対策のままでよいのであろうか。テロ対策の遂行の上で、テロの脅威が現実として

差し迫っているのかどうかを明白に証明することは、至難の業である。

我が国では、2010年11月7日からAPEC日本の実務者会合が横浜で始まり、閣僚会議を経て、同月13、14両日に首脳会議が開催される。海上からのテロ対策は万全であろうか。

また、2010年6月に行なわれる南アフリカで開幕するアフリカ大陸初のサッカーのFIFAワールドカップ（W杯）シリーズは、アルカイダにとっては見逃せない標的と写るのではなかろうか。南アフリカそのものは、イスラムの大義に敬意を表する国とみなされているため、イスラム過激派の攻撃を受けることはまず考えられないが、FIFA大会に参加する米国や英国などのサッカー選手やファンたちに対する意識は異なるものであり、アフリカのアルカイダ組織にとって格好の標的となる可能性は高く、注意を要する。今後も世界中でアルカイダとその関連組織の動向に注意を喚起せざるを得ない。

まさに、「油断大敵」である。

2 国際社会におけるテロリズムの法的規制

初 川 満

1 概　説
2 テロリズム規制法と人権
3 テロリズム規制条約の歴史
  (1) 第二次大戦前
  (2) 第二次大戦後
    ① 先進国対第三諸国の対立
    ② 国別条約の締約へ
    ③ 包括条約へ
    ④ 9.11事件以降
4 テロ行為の定義
  (1) 概　説
  (2) 個別条約
  (3) 共通の定義へ
5 裁くか引渡すか
  (1) 国内法による規制
  (2) テロリストの引渡し
6 結　び

1 概　説

（i）　戦争や内乱といった人為的な事件により若しくは地震や洪水といった自然災害により引き起こされる緊急事態、言い換えれば、十分な検討の時間もなく即時の行動が求められる突然の予期しない出来事というものは、今日でも常に発生し得る。そして、民主的社会を混乱に陥れ、民主的秩序を崩壊させることを目的とするテロ行為が、こうした緊急事態を引き起こす典型的な原因の一つであることは、9.11事件を例に挙げるまでもない。

そもそも国家には、国民が人権を結果的に享受することが可能

であるように、民主的社会秩序を守る義務がある。しかるに今日においては、テロ行為が民主主義にとって最も恐るべき敵の一つであることは、皆が認めるところであろう。よって、国家は、民主的社会を守るために、テロ行為を規制し抑圧し、それによって国の安全や公共の秩序を守るという積極的な義務を負っているのである。

とはいえまた、こうした民主的社会を破壊しようとする例外的な緊急事態においてこそ秩序の維持とか社会の安全を掲げつつ深刻な人権侵害がしばしば行われてきたことは、歴史が教えてくれるところである。

そもそも人権の否定は、民主主義自身の否定以外の何物でもない。よってテロ行為を規制し、国家をひいては国民を守るために採られるいかなる措置といえども、民主主義の最も重要な価値の一つである人権の尊重を否定するものであってはなるまい。

(ii) テロリズムあるいはテロ行為とはいかなるものを言うのかについては、未だ国際社会は明確な統一的見解を合意するには至っていない。これは、第二次大戦後多量に独立した発展途上国や社会主義国が、民族解放運動や植民地独立運動に起因する行為をテロ行為の定義から除外するよう主張したのに対し、旧宗主国を多く含む先進国は、あらゆる例外を認めずテロ行為の完全なる禁止を主張したことが、主な原因といえる。更に、前者は、テロ行為を禁止する条約の採択に際しては、同時にその底流にあるテロ行為に訴えざるを得ない歴史的、経済的、社会的、政治的理由が深く研究されかつ検討されなくてはならない、とも主張した。

こうした両者のいわばイデオロギー対立のため、テロ行為については、国際的に受け入れられる普遍的定義に到達することなく今日に至っている。

とはいえ、テロ行為を正当化する主張についてはいかなるものであっても受け入れることは難しいという認識は、今や国際社会において共有されている。言い換えれば、テロ行為が、犯行の動機、理由、犯人の特性などによって正当化されるべきでないという点については、異論がないと言えよう。そもそもテロ行為についての包括的定義が存在しないからといって、9.11事件におけるテロリストの行為が、犯罪として処罰できないわけではないことは言うまでもない。

国際社会は、例えば、ハイジャック行為、人質をとる行為、テロリストによる爆破行為、テロ行為への資金供与などといった特定のタイプに該当するテロ行為に限定したいわゆる分野あるいはテーマ別の条約による規制を行う手法を、採用してきている。こうした条約は今日までに多数採択され、今やテロ行為といわれるもののほとんどはカバーされているといっても、過言ではないであろう。

とはいえ、こうした条約は、締約国だけを拘束するにすぎないのみならず、テロリストによる犯罪を起訴し処罰することへの協力を締約国に求めるものにすぎない。そのため、テロ行為への現実の対応は、こうした条約を組み入れた国内法による実施に頼らざるを得ないこととなる。

ところが今日においては、それまで主に国内に限定されていたテロ行為は、国境を越えて、いわゆる国際テロ行為へと拡大してきた。そのため、テロリストの起訴や処罰も、先ずは国内当局の判断に任されるものであるとしても、現実には国際的な協力なくしては適切に処理し得ないものとなってきている。そしてまた、テロ行為に対する国内的措置も、国際人権条約や国際慣行といった国際的合意によって、制約を受けることとなってきている。

41

2 テロリズム規制法と人権

(i) そもそもテロ行為は、人権を抑圧するものである。テロ行為により引き起こされる事件は、あまりにも重大な結果となりがちなために、発生した結果にのみ焦点を置くのではなく、未遂あるいは予備までも犯罪として規制して行くことが求められることがある。また更に、犯罪の抑圧のみならず、予防的な政策的視点に立った、いわゆる行政的措置も重要となる。

とはいえ人権にとって、最大の保護者である国家自体がまさに最大の侵害者でもあるということは、歴史の教えるところである。民主主義を守るためのテロ行為規制措置が人権を侵害するという自体の発生が、避けられない場合があることは事実であろう。しかし、テロ行為を規制・抑圧する国家の行為により犯される人権侵害が、テロ行為自体に劣らぬ大きな問題を引き起こし得ることを、忘れてはならない。

本来人権を制限する国家による規制措置は、人権を重要な価値とする民的社会を守るための、あくまでも「必要悪」と言うべきである。その意味からも、規制は、人権を尊重する社会を守るために必要にして最小限度のものでなくてはならない。
このためには、テロ行為に対する国家政策というものは、民主的国家において追求する公共の利益と、これにより抑圧あるいは規制される個人の人権との間に、均衡を取って決定されなくてはならない。言い換えれば、テロ行為規制措置は、法律に基づき、国の安全とか公共の秩序といった正統な目的を追求するための、民主的社会において必要なものでなくてはならない。

つまり、社会の安全と個人の人権が衝突せざるを得ないテロ行

為の規制に対しては、公益的利益、言い換えれば、テロ行為を規制する措置により守ろうとする利益と、それにより侵害されるかもしれない人権という、相反する利益間の対立にいかなるバランスを取るかが問われることとなる。

なお、追求する利益の実現を焦るあまりに、個人の権利や自由を破壊したり弱めたりするならば、民衆の背反を招くこととなり、テロリストは、意図したよりも遥かに容易にかつ効果的に、その目的を達成することができるであろう。

(ii) テロリストによる犯罪を裁判する権限を明白に有する国際法廷というものは、今後の進展によっては国際刑事裁判所がそうなることも可能かもしれないとはいえ、現在のところでは未だ存在していない。そのため、テロリストによる行為というものは、まず国内法上の犯罪として論じられることとなる。そこで通常処罰に当たっては、各国内法において刑事犯罪を構成する必要がある。

では、テロ行為に対処するには、特別法が必要であろうか。それとも通常の刑事法で十分であろうか。

特別法は不要であるとする理由としては、(ｱ) 他権限の存在により、執行に関する威力のレベルが問題となること。(ｲ) テロ行為規制法による幅広い権限は、しばしば乱用される恐れがあること。(ｳ) 国家の国際的評判へのダメージとなること。などが挙げられている。

それに対し必要とする理由としては、(ｱ) テロ行為の目的は、人々を恐怖に陥れることであり、その結果として広く社会を不安定にする。通常の犯罪も似た効果を生じさせ得るが、テロ行為のように意図的かつ繰り返し行われるものではない。(ｲ) 通常の犯罪者は、政治体制を攻撃する意図も能力も有していない。これに

国際テロリズム入門　　　　　　　　　　　　　　　　　初川　満

対しテロリストは、意図的に政治体制の破壊を目指すものである。
(ウ)　通常の犯罪者に比べテロリストは組織力や訓練の程度が高く、かつ、テロ行為はしばしば国を越えての規模となっている。(エ)テロ行為の対象となる者は誰でもよいのであり、社会の不安定化を引き起こす影響力は、他の一般犯罪と比べ膨大なものがある。などが挙げられている。

　今日テロ行為は、いつでもどこにでも起きう得るものとなって来たため、民主的国家に対し長期にわたる社会の不安定化をひいては崩壊を招くものとして、特別法の必要性を認める国が多い。

　もっとも、テロ行為にいかに対処していくかは、決して各国家に白紙委任されているわけではなく、あくまでも個人の権利の尊重、憲法、民主的説明責任などといった民主主義の価値を反映した諸原則により制限される。その上、前述のように国際社会の一員として、国際人権条約などによる制約も受けざるを得ない。

3　テロリズム規制条約の歴史

(1)　第二次大戦前
（i）Terror及びTerrorismという語は、ラテン語の動詞である「震えを引き起こす」という意味のterrereと「脅かす」という意味のdeterrereに由来する。しかるにテロリズム（*Terrorism*）という言葉は、1790年代前半のフランス革命期ジャコバン派が恐怖政治のために用いた威しの一種をこう呼ぶものとして、オックスフォード英語辞典に1795年掲載されたのが初めてといわれている。

　そもそもテロ行為は大昔から犯罪の一種といわれはしたが、もっぱら権力側が行ったものとして、人類の歴史上いたる所で見

い出すことが出きる。

ところが19世紀になると、テロリズムは、政府転覆のための暴力と密接に関連付けられるようになり、主に暴君に対して採られる行為の一つとして、例えば政治的暗殺を意味するようになった。そのためテロ行為は、市民に恐怖を抱かせるものではなく、テロリストと呼ばれることには誇りが伴ってさえいた。

(ii) しかるに20世紀になると、テロリストの名称は血に濡れた疎ましい響きを持つものとなり、政府の転覆を目論む者たちは、こう呼ばれることを嫌うようになった。だが、当時の国際社会には、中央集権化した司法機関と効果的な実施権限を有する行政機関が欠けていたため、テロリストの抑圧や処罰は各国の裁量に委ねられ、何らかの国際的な基準を議論することは困難な状況にあった。

そこで、オーストリア皇太子暗殺という国際テロ行為をきっかけに勃発した第一次世界大戦後作られた国際連盟は、テロ関連では初めての国際条約の作成を試み、1937年に「テロリズム防止及び処罰条約」を起草した。この条約草案は、締約国に対しテロ行為を防止しかつ処罰することを義務付け、国家元首や他の官吏の生命及び身体の尊厳への攻撃、公共財産の破壊、公衆の生命を危険に陥れることを目的とする行為などに刑事制裁を科し、犯罪者を「引渡すか裁くか」の原則を認めるといった、多くの注目すべき点を含んでいた。

とはいえ、この条約草案は、わずか三ヶ国の批准が得られることを発効の条件としたにもかかわらず、英領インド一カ国の批准のみしか得ることができず、結局廃棄されてしまった。これは、民族主義やナチズムなどの全体主義的イデオロギーの台頭したことや、人種的、宗教的、言語的過激論者の増加などに起因するテ

国際テロリズム入門　　　　　　　　　　　　　　　　初川　満

ロ行為が出現したため、この条約のテロ行為についてのあまりに広い定義（後述4(2)(i)）が災いし、各国が批准を躊躇したことが主な理由といえるであろう。

(2) 第二次大戦後
① 先進国対第三諸国の対立
(i) 第二次大戦後においてもこれまで通り植民地支配を続けようとした勢力は、海外領土保持の道具の一つとして恐怖による支配を行い、民族自決による植民地からの独立を主張する人々に対して、国家支援テロ行為をもって答えた。

それに対し民族解放運動の側は、これに対抗するために、開放や独立を勝ち取る手段の一つとして、植民地支配体制に対してテロ行為に訴えていった。

こうして、主に国連を舞台に議論されるようになったテロリズムを廻る問題は、植民地を持っていた国を多く含んだ先進国と、社会主義国の支持を受けた新しく独立した国々との間において、非常に深刻な争点となっていった。

イスラム諸国を含む発展途上国は、多くが戦後独立した国であったこともあり、全てのテロ行為を全面的に禁止することには賛成し難いと主張した。これは、そもそもテロ行為を生み出した人種的あるいは宗教的差別などといった植民地支配に起因する根源的な原因が問われるべきであり、民族解放のための運動が、植民地的体制とか人種差別的体制といったものから人々を解放するためであるならば、テロ行為を含めあらゆる手段に訴えることが許されるべきだ、と考えたためである。特に、これらの国のほとんどが民族解放の戦いを経て独立した歴史から、武器を持っての支配者への抵抗及び自決の権利を強く主張したのである。

これに対し、旧宗主国を含む先進国は、テロ行為の動機とか根源的な原因などに関係なく、テロ行為というものの完全なる禁止を、強く主張した。

このように、こうした両者の主張にはあまりにも大きな隔たりがあったため、国連におけるテロ行為に関する国際的規制システム作成の議論自体が、遅々として進まなかった。

(ii) その後この対立は、植民地だった国がほとんど独立を果たし各々が国連に加盟した後に、国連総会が1979年に「人民から、自決や独立への正統な権利及び他の人権や基本的自由を否定する、植民地主義の、人種差別主義の、そして外国からの、抑圧的なテロリストの行為」の継続を批難する決議を採択したことにより、一応の解決をみたと言うことが出来るであろう。

このような、国連におけるテロ行為を無条件に批難するという傾向は、冷戦の終結により加速されていった。例えば、1989年国連総会は、テロ行為は、どこで誰が行おうとも正当化されない犯罪であるとする、テロリストによるテロ行為の実行を包括的に批難する決議を、採決することなく採択した。また、1994年には、「国際テロ行為を排除するための措置に関する宣言」を採択し、テロリストの活動を正当化する「良い理由」を除外し、テロ行為を肯定する価値判断から決別しようとした。

テロ行為は、動機や原因により弁解されるべきではないという立場を、国連が明らかにし始めた理由としては、以下のようなことが挙げられよう。

まず、旧植民地のほとんどが独立し、民族解放運動はイスラエルなどとの戦いに限定されてきたため、こうした運動を支持する根拠が減少したこと。また、新しく独立した国々は、それ自体が国内に分離主義運動を内包していることが多く、領土保全の原則

国際テロリズム入門　　　　　　　　　　　　　　　　　初川　満

を強く主張しつつ、分離主義組織をテロリストグループとして扱っていたこと。更に、ソ連の外交官が国際テロ行為の対象となった事を切っ掛けとして、東西冷戦が緩んだこともあり、東側がテロ行為への支援を控え始めたこと。こうした理由から、国連は以後、テロ行為の犯罪性を強調する動きを一層強めるようになった。

更にはこれに加え、植民地からの解放を理由とする武力の使用は今や殆んどが的はずれであるとの認識が一般的となってきたと同時に、国際社会における利害関係解決の武器としてテロ行為が用いられることへの懸念が広がってきたことも、影響しているといえよう。

②　個別条約の締約へ

(i) 国連を舞台に、テロ行為を無条件に批難する方向へと国際社会は動いてきたとはいえ、主に先進国対発展途上国及び社会主義国の対立の結果として、包括的なテロ行為に関する定義を有するテロリズムの包括的な規制条約は、未だ合意されるには至っていない。

とはいえ、テロ行為を規制する条約が作られなかったわけではない。国際機関を舞台にして、国際社会を震撼させる力とインパクトを持つ事件を切っ掛けに、特定のテーマに関するテロ行為の規制という形でのテロ行為規制の個別条約が、今日までに幾つも締約されてきている。

例えば、金銭的又は政治的要求のために行われた1960年代及び1970年代初めの民間航空機乗っ取り事件は、1963年「航空機内で行われた犯罪その他ある種の行為に関する条約」、1970年「航空機の不法な奪取の防止に関する条約」及び1971年「民間航空の安全に対する不法な行為の防止に関する条約」の採択を導いた。次いで、テロリストグループによる外交官の拉致や人質事件の増加

のため、1973年「国際的に保護される者に対する犯罪の防止及び処罰に関する条約」と1979年「人質をとる行為に関する国際条約」が作成された。また、1996年のサウジアラビアでの米国の施設への攻撃、オウム真理教のサリンによるテロ行為、英国などでの爆弾テロ行為に対し、1997年「テロリストによる爆弾使用の防止に関する国際条約（いわゆる爆弾テロ防止条約）」が提案され、1999年「テロリズムに対する資金供与の防止に関する国際条約（いわゆるテロ資金供与防止条約）」が採択されるに至った。

これらの条約は、ハイジャック等の民間航空機への犯罪行為、人質を取る行為、外交官等への暴力行為、核物質の使用を含む犯罪、爆弾等の使用による犯罪、テロ行為への資金供与などといった、誰もがテロリストの行為であると理解する特定の行為の、予防及び抑制に焦点を合わせている。

そして今や、こうした国際条約は、性質上テロリストによる行為と広く考えられる行為の大部分をカバーしていると言ってよかろう。この結果、一般的にテロ行為と見做される行為のほとんどは、犯罪として国内法で禁止し処罰することが、締約国に求められることとなった。

もっとも多くの条約は、政治的動機とか目的には何ら触れることなく幾つかの行為を禁じている。そのためこれらがカバーする行為は、場合によってはテロ行為と呼ばれるかどうかに関係なく、処罰の対象となり得る。

つまり、一般のテロ行為の概念を越える、テロリストの目的、動機、標的などの無いまま行われた犯罪行為もまた、これらの条約により犯罪化されることとなる。例えば、金銭目的や親権の確保のための子供の誘拐とか、私的理由から人質を取る行為もまた、こうした刑事罰の対象とされることとなるのである。

国際テロリズム入門　　　　　　　　　　　　　　　　　初川　満

　また、特定の方法によるテロリストが犯した市民の殺害といった行為のみを犯罪化し、テロリストの殺害行為一般を犯罪化しなかったことは、こうした規制に欠陥を作り出している。例えば、航空機や船舶におけるとか、保護される人へとか、爆発物によるといった、特定の文脈又は手法によるテロリストの暴力のみを犯罪としているため、航空機や船舶においてではない人質の殺害を含む、ナイフなどの凶器による又は狙撃によるテロリストの市民の殺害などは、含まれないこととなる。

　(ii)　こうして、2007年発効の「核によるテロリズムの行為の防止に関する国際条約」まで、テロリズムに関し既に12の条約と5つの議定書が採択され、日本もその多くを批准している。

　これらのテロリズム関連条約は、私人あるいは公務員を問わずあらゆる人によりなされる、あくまでもテロリズムの個別の現象を、カバーするものである。そしてまたこれは、テロ行為の定義に関し普遍的な合意が得られないためいわば暫定的に作り出された手法でもある。言い換えれば、国連は、個別の分野毎に規定するという手法を採用することによってテロ行為の包括的定義という難問を回避し、広く支持を得ることに成功した。

　これらの多くの条約は、領域に即して裁判権が適用されるいわゆる領域管轄権によるならば、複数の国家に跨るため複数の裁判管轄権に渡ることになるため規制が不十分となりがちな、航空機や船舶による交通などの活動を規制するために作られたといえよう。そしてまたこれらは、しばしば締約国に対し、条約中のテロ行為を規制する様々なルールを実施するための国内法を作る義務を課してもいる。

　この場合締約国は、条約が課す義務を果たさなければ国際法違反となる。そして、国内実施に際して既存の法と抵触するかもし

国 際 条 約

2006年2月8日現在、関連国際機関に記録された条約とその締約国数。
〈条約〉　　　締約国数（日本が締結した年）　※2007年末の締約国数
- 1963 Tokyo Convention　　　180　（1970年）
（航空機内で行われた犯罪その他ある種の行為に関する条約）
（いわゆる1963年東京条約）
- 1970 Hague Convention　　　181　（1971年）　　……※183
（航空機不法奪取防止条約）（いわゆる1970年ハーグ条約）
- 1971 Montreal Convention　　　183　（1974年）　　……※186
（民間航空不法行為防止条約）（いわゆる1971年モントリオール条約）
- 1973 Protected Persons Convention　159　（1987年）
（外交官等保護条約）
- 1979 Hostages Convention　　　153　（1987年）　　……※164
（人質条約）
- 1980 Vienna Convention　　　116　（1988年）　　……※129
（核物質の防護に関する条約）
- 1988 Rome Convention　　　126　（1998年）
（海洋航行不法行為防止条約）（いわゆる1988年ローマ条約）
- 1991 Montreal Convention　　123　（1997年）
（プラスティック爆弾条約）
- 1994 UN Personnel Convention　　79　（1995年）　　……※79
（国連要員等安全条約）
- 1997 Terrorist Bombings Convention　145　（2001年）　　……※153
（爆弾テロ防止条約）
- 1999 Terrorist Financing Convention　150　（2002年）　　……※160
（テロ資金供与防止条約）
- 2005 Nuclear Terrorism Convention　但し、2007年発効（日本2007）※27
（核によるテロ防止条約）

〈議定書〉
- 1988 Montreal Protocol　　　155
（空港不法行為防止議定書）（いわゆる1988年モントリオール議定書）
- 1988 Rome Protocol　　　115
（大陸棚固定プラットホーム不法行為防止議定書）（いわゆる1988年ローマ議定書）
- 2005 Protocol to 1988 Rome Convention（2005年10月14日署名開始）
- 2005 Protocol to 1988 Rome Protocol（　　〃　　〃　　）
- 2005 Protocol to 1994 UN Personnel Convention（署名開始）

れないというような国内法上の問題は、国家の義務を果たす義務を免れる理由とはならない。例えば、これらの条約は、テロリストに安全地帯を与えないために、領土内でテロ容疑者を逮捕する締約国はその者を起訴するかあるいは起訴するであろう国へ引渡さなくてはならないという「引渡すか裁くか」（aut dedere aut judicare）のルールを導入し、これを義務としている。

なお、こうした個別条約は、人権条項をその中に含む方向へ進展している。前述の1963年、1970年及び1971年に作られた航空機をもっぱら対象とした最初の条約は、人権問題にあまり馴染がなかった民間航空機関（I.C.A.O.）の枠組みの中で採択されたため、人権に関する条項が欠けていた。しかし、例えば国連により採択された最初のテロ関連条約である1973年条約には、「法定手続きにおける公正な扱い」の保証が初めて挿入され、その後の条約には、こうした人権を考慮した条項は当然に含まれるようになった。

③ 包括条約へ

本章①(ii)で既に触れたように、国連おけるテロリズムに関する決議は、もはや自決権によりテロ行為を正当化することはできないとする方向へと進展してきたが、特にこの傾向は、冷戦の終結により一層加速されていった。

例えば前述の1989年決議や1994年宣言により、テロ行為はいかなる状況下においても正当化されないということを明確に指摘した国連総会は、1996年に「国際テロ行為を扱う条約の包括的枠組みを発展させる手段を検討する」ために、テロ行為に関する包括条約を作成するための、すなわち、テロ行為の定義や実体的手続的争点に関し統一的な条項を作成するための作業を行う特別委員会を作った。これは、テロ行為についての、いかなる例外をも許さない一般的規定についての幅広い合意が、徐々にではあるが形

成されてきたことによる。

なお、この特別委員会は、1997年爆弾テロ防止条約、1999年テロ資金供与防止条約、2005年核によるテロリズムの行為の防止に関する国際条約の草案作成に成功している。

しかるに、2001年9月11日の悲惨な事件を切っ掛けに、国際社会は、国際テロ行為への批難について前代未聞というべき団結ぶりを見せてきた。例えば、事件直後の9月28日に採択された国連安全保障理事会決議1373は、全加盟国に、国内における幅広いテロ対策措置の採用を呼びかけたのみならず、前述の特別委員会で作っていた包括的な条約草案について言及し、これへの支持を訴えている。

こうして、9.11事件後、世界的なテロ行為を規制するための条約の作成を求める動きは、政治的現実として受け止められるようになり、この包括的テロ行為条約作成の試みは一気に進み、2002年までには、大部分の条項の同意が同委員会において得られるに至った。

とはいえ、未だ包括的条約作成に努力しているこの特別委員会においてすら、民族解放運動に関する伝統的な争いが議論の中心的争点として存在することも、厳然たる事実である。そのため、包括的テロ行為規制条約の作成にはもはや各国に異論は見られないとはいえ、その正確な内容や範囲などに関して意見が一致するには未だ至っていない。最終的な条約草案の作成ひいては条約の採択の可能性は、不確実なまま残されているということが、残念ながら現実と言わざるを得まい。

④ 9.11事件以降

2001年9月11日の事件の翌日、国連安全保障理事会は、テロ行為を防ぎ抑圧するための努力の強化を国際社会に呼びかけると同

時に、自衛権を明白に認め、米国があらゆる必要な手段を採ることは正当化されるとする、決議1368を満場一致で採択した。次いで、同年同月28日に、国連憲章7章(平和に対する脅威、平和の破壊及び侵略行為に関する行為)に基づき、テロ行為を国際の平和と安全への脅威と宣言する、決議1373を採択した。

この決議1373は、国連によるテロ行為と戦うという明確な意思表示であり、その後の国際社会におけるテロ行為防止への努力に最も大きな影響力を持つ法源というべきであろう。

なお、同決議は、(ア) 金融財産を凍結し、テロ行為への資金の提供を防ぐ。(イ) 国内法によってテロリストの行為を重大な犯罪とすることにより、テロリストに安全地帯を与えない。(ウ) 庇護を求める者がテロリストに加担しないよう、難民の地位の付与前に適切な措置を採る。といった目的を達成するために、加盟国に国内法の変更を命じている。特に(ア)に関しては、全加盟国に対しテロ行為と関係ある資金又は財産を凍結することを義務付け、民間金融機関を含む自国民による資金の提供の防止を義務とした。そしてこれは、アルカイダの一派を特定し対象するものではなく、国内レベルにおける一般的資金規制のシステムの樹立を求めるものであった。

しかるに同決議には、「人権」についての言及がなかったため、国連憲章103条(憲章義務の優先)より、この決議に含まれているテロリズムと戦う加盟国の義務は、人権尊重義務を含む他の国際義務に取って代わると主張する国もあった。しかし、安全保障理事会が、その後2003年の決議1456において、テロリズムと戦う義務は人権を十分に尊重して行わなくてはならないと明白に述べているように、人権を蔑ろにすることは、たとえテロリズムとの戦いであれ許されるものではない。

そしてまた安全保障理事会は、2005年には、テロリストの行為に立ち向かい、テロリストによる教育、文化及び宗教機関転覆を防止するよう全加盟国に呼びかけた決議1624を、採択している。なお、この決議に呼応して、英国は、テロ行為を直接あるいは間接に称揚する演説及び出版を犯罪とする2006年テロ行為法を制定した。

4　テロ行為の定義

(1) 概　説

テロ行為には、いわゆる国家テロとか国家支援テロと呼ばれるものと、国家と関係ない私的グループによるテロとが存在する。一方では、テロ活動を支援する国家の存在は、テロリズム規制条約の有効な実施を困難にする。他方では、国家と関係ないテロは、国内における政府の権威を脅かすことから全ての国家の特別の関心の対象となり得はするが、国際法の違反となる場合は稀であり、通常は国内刑事法への違反の問題となる。そのため国際社会により採用されるテロ行為規制措置は、包括的なものというよりはむしろ機能的あるいは実際的なものと成らざるを得ない。

既述のように、テロ行為とはいかなるものを言うのかについて、国際社会の普遍的定義は未だ合意されるには到っていない。そもそも国連が作ってきたテロリズム規制条約の仕組みは、何が禁じられるかを詳細に記述し、事件及び人々について管轄を及ぼす広い可能性を追及してきたにすぎない。そのため、これらは実際上、人質、航空機、外交官、資金等の特定の話題を越えてテロ行為の包括的概念を求めるものではない、との主張がなされている。しかし、多くの国内法がテロ行為の表現を用いかつ定義を行ってき

国際テロリズム入門　　　　　　　　　　　　　　　　初川　満

ていることからも、欠けているのは民族解放のために戦う自由の戦士の扱いといったような「例外に対する合意」であり、テロ行為そのものの定義が欠けているわけではなかろう。

とはいえ、イデオロギー的対立は別としても、一般的に国際法上テロ行為という用語は、定義が難しいものであることは事実である。この理由としては、テロリストと自由の戦士の区別とか、テロ行為犯は国家か個人かといった問題に加え、政治犯不引渡しの原則との関係、テロ行為の犠牲者の救済手段やその対象の問題などが争点となっていることを挙げることができよう。残念ながら、各国家は、自国の利害に関係あるテロ行為には敏感であるが、他国の苦境には無頓着といわざるを得ない。

なお、国内法においては、例えばドイツのように他の組織犯罪の形態の文脈でテロ行為に対処するといった、特定のイデオロギー的目的を追求せず定義の争点を迂回する手法とか、国家やその機関を守るために幅広い表現を用いるといった、イスラエルやイタリアが採っている手法、あるいは英国が採用し多くの国が倣っている詳細に定義を行うという手法などが存在している。

いずれにせよ、民主主義の敵というべきテロリズムに対しては、包括的な定義による国際的統一基準に拠り国際社会が統一的に対処することが望ましいことは、言うまでもなかろう。テロ行為は、犯行の動機、犯人の特性、あるいはそうした行為の裏に潜むいかなる理由によろうとも、正当化されるべきではないのであるから。

(2) **個別条約**
(i) 初めて国際的にテロリズムの規制を試みた1937年テロリズム防止及び処罰条約は、テロ行為とは「特定の人々又は人々の集団若しくは一般公衆の心に、恐怖の状態を作り出すことを意図さ

れた又は計画された、国家に向けられた犯罪行為を意味する。」と規定している。

　この定義は、一般犯罪とは性質の異なるものとしてのテロ行為犯罪を正確には描いていないのであり、テロリストによる犯罪の特徴である恐怖状態を作り出す特別の故意について幅広い裁量権を残していたこともあって、結局条約は発効しなかった。とはいえ、そこに述べられていた範囲や法的争点は、以後のテロ行為規制の議論において重要な基準となった。

　(ii) 戦後は、テロ行為の国際的法規制はもっぱら国連を舞台に議論されている。今までのところでは、テロリズムの定義について普遍的合意が得られないこともあり、テロ行為に対する包括的条約の採択には到らず、もっぱらテーマ別の個別条約による規制が行われている。その意味では、これら個別条約は、暫定的手法と言うべきであろう。

　しかるにこれらの条約の作成時においては、既に見てきたように、民族解放紛争や自決権の文脈における暴力の使用の合法性をめぐる論争のような主に政治的なそしてまたイデオロギー的な意見の対立が、国連では存在していた。そのため、こうした対立による影響もあり、これらの条約においては、テロ行為自体の定義は行わないか、行ったとしても非常に漠然とした一般的定義を試みているにすぎない。また、タイトルや前文において、テロ行為とかテロリストという表現を用いている条約もあるが、実体的条項ではこれらの表現は用いていない。なお、多くの条約は、政治的動機や目的には何ら言及しないで、幾つか行為を特定し禁止するという手法を採用している。これらの禁止条項は、しばしば反テロリスト条項と呼ばれはするが、これらがカバーする行為は、場合によっては「テロ行為」と呼ばれるかどうかに関係なく処罰

される。そのため一般のテロ行為の概念を越え、テロの動機とか目的を持たずに行われた犯罪行為もまた犯罪化され、刑事罰の対象とされることとなった。

　もっとも、包括的条約の作成は未だ合意に到っていないとはいえ、テロ行為につき何らかの定義を行おうとの試みは、既存の条約中にも見出すことが出来る。例えば、1999年テロ資金供与防止条約は、初めての試みとして2条1項に二つの要素からなるテロ行為の定義を規定している。まず、既存のテロ行為規制条約による特定の行為を禁止する手法に依拠し、これらに述べられている行為をテロ行為と宣言し、次いで、人に対する身体的暴力に限定しつつ、テロ行為について、住民の威嚇や政府又は国際機関の強要という目的や動機を伴うものと言うとして、抽象的な定義を行っているのである。

　なお、ここでは明らかに、テロリストの行為を正当化する理由として、政治的な動機を挙げることを避けている。

　(iii)　今やこうした個別条約によりカバーされない行為というものは殆んどないから、現実に性質上テロリストの行為と考えられる行為の大部分は、何らかの規制の対象となっている。この結果、テロ行為と見做される行為の大部分は、犯罪として国内法で禁止し処罰することが締約国に要求されている。もっともこれらの条約は、国際法上テロリスト個人の刑事責任を生じさせるものではなく、あくまでも国境を越えての各国の司法協力により促進される国内法に基づく処分に頼っているのであるが。

　とはいえ、何度も述べたように、既存の国際条約におけるテロ行為の定義は、あくまでもテロ行為の特定の面に限定し焦点を合わせたものにすぎず、その上、限定された数の国家の賛同を得ているにすぎない。

しかし、例えば、サイバーテロというような、既存の条約の視野には入らない新形態のテロ攻撃が今後起き続けるであろう可能性を考えると、こうした特定の分野毎の条約の作成という手法では、迅速かつ的確に対応できるだろうか、という疑問が出てくる。

言い換えれば、テロ行為との戦いにおいて、こうした対症療法的な手法は、テロ行為に関する包括的な条約による手法と比べ、格段に効果が劣ると言わざるを得まい。

(3) 共通の定義へ

(ⅰ) テロ行為は、今や一国における国内問題として専ら解決することは不可能となってきている。まさに国際社会が共通の価値観に基づき共同して行動することが、ここでは真剣に求められている。そこで、以下にテロ行為を規制するための包括的条約において中心的概念となるテロ行為の普遍的定義について、考えて見ることとしよう。

全てのテロ行為に共通する一般的特徴として、第一に、犠牲者の非個性化を挙げるべきであろう。テロでは、加害者は犠牲者を知る必要はない。犠牲者が誰であるかは、そもそも関係ないのである。重要なことは、犠牲者が傷つき、殺され、脅されあるいは強要されることにより、加害者の政治的、宗教的あるいはイデオロギー的目的が達成されるであろうことである。その意味では、犠牲者は加害者にとり、単に目的達成のための道具にすぎない。

第二の特徴としては、私人によるか公務員によるかを問わず、テロ行為は犯罪であるという点を挙げておきたい。そして、このような行為を、領域内で黙認し許可しあるいは奨励するならば、国家の責任は免れないこととなろう。

なお、国内テロ行為は、国内あるいはより狭く特定の地域内に

国際テロリズム入門　　　　　　　　　　　　　　　初川　満

限定されるが、国際テロ行為は、複数の国の市民を巻き込む国境を越えてのテロリストによる暴力である。

(ii)　ところで今日国内法及び国際法において用いられているテロ行為の定義には、以下のような要素が含まれている。

客観的要素としては、主に人に対する身体的暴力の使用による刑事犯罪であって、一定の重大さを伴うものであることが挙げられよう。なお、財産の破壊又は重大な損害をも含むまでに、ここでの犯罪は拡大されてきている。

主観的要素としては、人々の間に恐怖や不安の気持ちを作り出す意図若しくは政府あるいは国際組織を強要する意図が必要である。

例えば、既述の未完成の国連包括的テロ行為抑制条約草案は、テロ行為を、「不法かつ意図的に」以下のいずれかを引き起こすものと規定している。「(a) 人の死又は身体への重大な傷害　(b) 国家又は公共財産や私有財産への重大な損害　(c) 重大な経済的損失となるであろう他の損失」。そしてこれに、「性質又は文脈から、その行為の目的が、人々を嚇かし又は政府や国際組織に何らかの行為を行うことあるいは控えることを強要すること。」を加えている。

もっとも、1977年ヨーロッパテロ行為規制条約のように、誘拐、ハイジャック、人質をとる、外交官を攻撃する、爆弾や銃により生命を危険に陥れるといった、テロ行為に該当するとされてきた犯罪を列挙することによりテロ行為を規定するという、テロ行為の分析による犯罪の一覧表を用いる手法をとるものもあるが。

(iii)　以上から、テロ行為の普遍的定義における必須要件としては、以下のようなものを挙げることが出来る。

(ア)　いかなる手段によるものであれ、行使された暴力であるこ

と。(イ) 死を含む身体への重大な危害又は財産への多大な危害を引き起こすものであること。(ウ) 何ら罪のない個人に対するものであること。(エ) 特定の人々又は政府を、脅かしたり強要したりする目的のものであること。(オ) 政治的、宗教的又はイデオロギー的動機からのものであること。

国際社会におけるテロ行為規制条約の分析、そして国内におけるテロ行為規制法の分析から、こうした要件を備えることが、今や前提となりつつあると言えるであろう。

5 裁くか引渡すか

(1) 国内法による規制

(i) テロリズムとの戦いにおいて、何らかの法的行動を起こすのは、まずは国家当局である。そもそも主権国家を主な構成単位とする国際社会においては、たとえ政治的動機によるものであれテロリストの行動は、テロリズムに関する諸条約が「裁くか引渡すか」を最も重要な原則の一つとしていることが示すように、国内法に基づいて裁かれることが前提となっている。

よって、テロ行為の法的規制においては、国際条約に基づく締約国の行動義務を具体的に実施するために定められる国内法による規制が、まずは問われなくてはならない。

しかるに、各国のテロ行為に対する予防的あるいは抑圧的対応は、例えばテロ行為を生む政治的紛争、近年発生した事件、テロリストへの民衆の支持などといった、テロ行為を廻る国内事情に影響されることは避けられない。その意味では、各国家は、直面する個別の脅威に対し各々特有の反応を示すであろう。そして、ある国にとり適切な予防的行為といえども、他の国においては逆

効果となる場合も有り得ることは、否定できない。

とはいえ、各国の国内法に基づくテロ行為への反応というのは、条約という国際的に合意された国家の強制力の行使への制限の枠組みの中で、機能することとなる。そして、国家の取り得る措置への制約は、国際社会の一員としての国家の条約遵守義務から生ずるのみならず、均しくテロ行為の危険に曝されるようになってきた各国が、統一的な方法に基づく国際協力の必要性を認識してきたことにも起因する。例えば、国際法に合致した行動をとることは、テロ容疑者の引渡しをスムーズにする原動力となるであろう。

(ii) 多くの国が、ハイジャックあるいは人質事件といった特定の分野における行為に関し、特別のテロ行為対策法というべき法律を9.11事件以前から有していた。しかし、テロに対処する最も一般的な手法は、テロ行為を一般犯罪として扱うことであった。

イタリア、英国、ドイツなどの何十年にも渡り国内テロ行為に直面していた国においてすら、テロ行為との戦いにおける法的手法は、国内における刑事法及び刑事訴訟法を基本としたものが主であった。日本赤軍やオウム真理教によるテロ行為を経験した我が国が、既存の刑法や刑事訴訟法によりテロリストの行為を十分カバーすることはできるとして、テロリストの犯罪に対処するための特別法を作ってこなかったことも、これに当たるであろう。

さて、テロ行為あるいはテロリストによる犯罪といったものの定義は、国内にテロ行為の脅威が存在しその影響が深刻であった幾つかの国においては、幾つもの法律中に見い出すことができる。とはいえ、これらの定義に関しては、異なった歴史的あるいは政治的な国内事情を反映し、国により又は法律により、しばしば異なっている。例えば、英国は近年恒久的なテロ行為規制法を作成

し、統一的な定義に基づきテロリストの行為を犯罪化しようとしているが、米国は、規制の対象や機関により異なる定義が用いられている。

(ⅲ) さて、9.11事件後においては、一方では、前述のイタリア、英国、ドイツといった国内テロ行為を既に経験していた国は、既に国内テロ行為と戦うという文脈で存在していた刑事法などの法規定を、国際テロ行為ひいてはあらゆる形態のテロ行為にまで適用を広げるよう修正している。

他方では、ケベック解放戦線による危機しか経験しなかったカナダあるいはKKKによる国内テロのみの米国のような、国内的には比較的平和でほとんど国内テロ事件が起きなかった国においても、国内テロリストの刑事訴追を強調する幾つかの条項を関連法に導入してきている。例えば米国は、2001年愛国者法により、米国の法曹において国際テロ行為を定義していた条文が、国内テロ行為による犯罪をも含むように修正された。

これに加え、こうした9.11事件以降のテロ行為関連法の特徴としては、多くの国が、テロリストに協力する行為のみならず、テロリストの組織を結成したりそのメンバーになることをも処罰する条項を設けるようになったことが挙げられよう。

なお、こうした新法の制定は、国連憲章七章に基づく決議であるためテロリストの行為を国内法上犯罪化しその処罰を加盟国の義務とする、既述の安保理決議1373に応えるものであった。

しかるに、この決議1373に限らず、テロ行為に言及している安保理決議のいずれもが、テロ行為の定義を行わないのみならず、定義に際し依拠すべき法源にすら言及していない。そのため、多くの国が、テロリストとの長い戦いの歴史を持つ英国の恒久法である2000年テロ行為法の定義を国内法制定の参考としている。

国際テロリズム入門　　　　　　　　　　　　　　　　　初川　満

(2) **テロリストの引渡し**

(i) テロリストによる犯罪の防止には、彼等に安全地帯を与えないことが特に重要である。そこでテロリズム規制国際条約は、テロ容疑者が、国籍や犯罪地を問わず、どの締約国においてであろうと安全地帯を見い出してはならないという原則を中心的なものとして置き、「裁くか引渡すか」の原則によりこれを確保するものとしている。

そもそも領域内の外国人犯罪人の扱いに関しては、国家は、自国で裁くか他国へ引渡すかといった一般的義務がある。そのため歴史的には、二国間条約又は複数国間条約に基づいた請求国への犯罪人引渡しが、「外国人犯罪人引渡し」のシステムとして発達してきた。

なお、これに似たものとして、国外追放あるいは退去強制などがある。これらは、強制的出国である点は似ているが、一国の政策の問題であり行政措置である点が、犯罪の抑圧を目的とする国際協力というべき司法権による措置である外国人犯罪人引渡しとは異なる。

外国人犯罪人引渡しの要請が為されるや否や、引渡しは要請を受けた国の国内法上の問題となる。ところが、この引渡しに関しては単一の国際的手続きシステムというものは存在しないから、「裁くか引渡すか」の一般的義務を果たすために求められる国内法手続きは、各国家の国内法システムに任されている。とはいえ、これは長い歴史をもつものであり、エジプトとヒッタイトの間にB.C.13世紀に結ばれたものを最古として、多くの外国人犯罪人引渡条約が存在し、多くの国家による実行がみられる。

そこでこうしたものに共通のルールとして、引渡しが認められた行為についてのみ、犯罪者として引渡されるものは要求国にお

いて裁判にかけられるという「特性のルール」(特定主義ともいう)と、引渡すには、引渡国と要求国両国の外国人犯罪人引渡法によりカバーされている犯罪でなくてはならないとおいう「二重の犯罪ルール」(双方可罰主義)が、樹立されてきた。そして現在では、こうした二原則を充たすことが、外国人犯罪人引渡しの条件とされている。

これに加えて、近年になりこの原則に対する例外として、政治的動機による犯罪人の引渡しや国内政治への外国の介入に対抗するために、性質上政治的であると考えられる犯罪を引渡す犯罪から除外するという形で発達した、「政治犯罪人不引渡しのルール」が確立してきた。

(ii) ところが20世紀も後半になると、こうした政治的犯罪を例外とする考えは、テロ行為の増大と世界的な人権の主張の二方面から、大きな修正を余儀なくされるようになってきている。

まず、国際法上の犯罪と考えられるような重大な犯罪については、国際条約及び国内法の引渡し例外条項から除外される、とする傾向が強くなってきた。例えば、1948年ジェノサイド条約は、集団殺害を犯した者から政治的犯罪との主張を行う権利を奪った。また、1977年ヨーロッパテロリズム防止条約は、テロ行為を政治的犯罪の例外から除くことを目的とした、政治犯罪とは見做されない犯罪を列挙するという手法を採用している。

もっとも、人種、宗教、国籍、政治的意見などを理由として処罰するための引渡しは、たとえテロリストといえども拒否することができるといういわゆる「人道的除外の原則」は、この1977年条約を含む多くの引渡条約中に見い出すことができるが。

そして安保理決議1373は、テロ行為に関し、「政治的動機の主張は、テロ容疑者の引渡しの要求を拒否するための理由として認

65

められない。」とまで述べている。

こうしたことから、政治犯罪人不引渡しの原則は未だ存在していると言わざるを得ないとはいえ、いまやテロリズムが国際社会共通の問題となっていることからも、テロリストを政治犯から除くということは当然のこととなってきていると言えよう。

次いで、一旦テロ容疑者を要求国に引渡すと呼び戻すことは困難なため、引渡国は、引渡請求国に引渡した後の取扱いに関しても何らかの責任があるとの考えが、今日では強くなってきている。つまり、引渡された国において拷問とか非人道的又は品位を傷つける取扱い若しくは処罰を受ける危険性が存在する場合には、引渡しを求められた国は、たとえテロリストといえども引渡さない義務と言うものが、国際人権法上存在するとされるのである。

そのため、テロリストを犯罪人引渡条約により引渡せるかどうかは、今日では、政治犯かどうかによるのではなく、請求国の処遇が拷問等の禁止といった引渡国の国際人権法上の義務に違反しないかどうかといった、人権の考慮が最大の焦点となってきていると言えよう。

なお、ここでは、引渡国に裁量権のある政治犯罪人不引渡しの問題と異なり、引渡国は人権侵害の可能性があると考えられる場合には不引渡しの義務があるとされることは、注目に値しよう。

6　結　び

(i)　テロ行為は、主に既存の犯罪類型に該当する行為の形態をとるであろうが、他の一般犯罪以上に予防的措置というものが重要となる。しかし、テロ行為の特殊性を強調するあまり、人権の保護が弱くなってはならない。そもそもテロリズムとの戦いは、

法治主義の下に人権を尊重する民主主義の価値を守るためのものであるから、人権保護の国内基準だけでなく国際基準をまた考慮して作られた適切に機能する法の枠組みの中で、断固として行動しなくてはならない。

ではテロ行為規制法は、一般的にどのような点に注意すべきだろうか。以下に列挙しておくことにしよう。

(ｱ) それは、通常の法律にできる限り近づけたものでなくてはならない。そして、通常の法原則、例えば合理的な疑い、被疑者の接見交通権などは、テロリストに対しても守らなくてはならない。(ｲ) テロリストは犯罪者として扱い、政治犯として扱うべきではない。(ｳ) 緊急事態に対処する必要からとはいえ特別措置を多用することは、人権侵害という問題に人々を鈍感にしかねない。目的や手段と人権の保護の慎重な考慮により、恒久法によるべき措置と暫定的な措置によるものを、峻別しなくてはならない。(ｴ) これらのテロ行為規制措置は、国際協力を前提としたものでなくてはならず、また国際基準に合致するものでなくてはならない。

(ii) テロ行為自体が、人権を侵害するものであることは言うまでもない。しかし、テロ行為への対処措置もまたしばしば、無実の推定、恣意的抑圧からの自由、拷問からの自由、思想の自由、プライバシーの権利、表現の自由、平和的な集会の自由、庇護を求める権利、非差別などといった人権に、多大な影響を与え得る。テロ行為の予防とか規制という名分の下に、テロ行為に何ら関係のない人々に対してさえも容易に人権の制限が行われ兼ねないことは、心に留めておく必要がある。

そもそもテロ行為の脅威に対抗するには、国民及国際社会の理解と協力が不可欠であり、テロが生まれる土壌をなくし、シンパの存在しない社会を作ることが、まさに求められている。

国際テロリズム入門　　　　　　　　　　　　　　　　　初川　満

　テロ行為との戦いは人権の保護に優先するとの主張が、9.11事件後もしばしば見られる。しかし、国連は、総会や人権委員会において、9.11後に「テロ行為に遭遇中における人権と基本的自由の保護」という争点についての決議を採択し、「締約国は、テロ行為と戦うために採られたいかなる措置といえども、国際人権法、難民法及び国際人道法の義務を充たすことを保証しなくてはならない。」ことを確認している。

　そもそも民主的社会の平和と秩序に挑戦するテロ行為を抑制するためとはいえ、守るべき民主的社会の価値、すなわち人権を犠牲にすることは、本末転倒と言わざるを得ない。それ故に、民主的社会を守るためのいかなる人権への規制あるいは制限といえども、必要最小限でかつテロリストの脅威の大きさに比例していなくてはならない。

3 テロリズムと武力紛争法

真　山　　全

はじめに
1　「テロとの戦い」は戦争か
　(1) ユス・アド・ベルームからの検討
　(2) ユス・イン・ベロ（武力紛争法）からの検討
2　「テロとの戦い」はどのような種類の戦争か
　(1) 国際的と非国際的の武力紛争
　(2) 外国国家の機関によるテロ行為──国家テロ
　(3) 一国の領域内で戦われる非国際的武力紛争──内戦とテロ
　(4) 越境型の非国際的武力紛争
3　「テロとの戦い」に適用される武力紛争法規則は何か
　(1) 武力紛争と法執行活動の同時実施
　(2) 敵対行為直接的参加の概念
　(3) 敵対行為の方法と手段
　(4) 捕らえられた者の取扱い
4　結　び

はじめに

　テロ集団と呼ばれる組織が国境を越えて国家に対し国家間戦争と同様の破壊をもたらす暴力行為を指向することがある。こうしたテロ行為への対応措置について、2001年9月の対米大規模テロ以降、「テロとの戦争（戦い）（war on terror)」という言葉がしばしば使用された。しかし、戦争や戦いという文言は多義的であり、

国際テロリズム入門　　　　　　　　　　　　　　　　真山　全

どのような事態をそう定義すべきであるのかは、分析の目的によって大いに異なる。また、戦争と称することからいかなる効果が発生するかもいかなる文脈で戦争というのかにかかっている。麻薬との戦争や汚職との戦いといった全く比喩的にいう場合を除外し、戦争や戦いを軍隊その他の武装した集団同士が暴力行為を行う状況に限定するとしても、政治的、社会的あるいは法的にいう戦争の範囲は一致しないし、しなくともかまわない。また、法的分析であっても、各種の国内法や国際法の規則適用においてそれは異なりうる。

国際法は、国家等による暴力行為の管理や規制を最重要の問題としてきた。主権国家から構成される近代の国際社会では、主権国家が対外的な暴力行使の主要な主体として認識され、その暴力の管理に関する国際法規則が形成された。そのような規則の下で、テロ集団といわれる非国家的な集団の国家に対する暴力行為とそれへの国家の制圧行動が国際法がいう戦争や武力紛争を構成することがありえるかと、そうである場合にどのような国際法規則が適用されるかを検討したい。

1　「テロとの戦い」は戦争か

(1)　ユス・アド・ベルームからの検討

武装した集団同士の暴力行為を近代の国際法は、二つの方向から規律してきた。第1は、国家間で暴力行為に訴えることができる場合を示すことであり、戦争や武力行使の開始原因の合法性を判断するユス・アド・ベルーム（*jus ad bellum*）と称される規則群が作られた。正戦論の時代における正当原因の有無を判断する基準は、まさにこの分野に属する規則群であった。今日の自衛権行

使や集団的安全保障上の措置としてなされる武力行使の評価基準もこれに属する。国際法が暴力管理について持つもう一つの規則群は、戦争や武力行使の期間になされるその当事者の暴力行為の方法の規制に関するそれである。具体的には、戦闘の方法及び手段、並びに戦争や武力紛争の犠牲者保護についての規則である。この規則群をユス・イン・ベロ (*jus in bello*) といい、かつては戦時国際法と呼ばれていたが、現在では、武力紛争法又は国際人道法というのが一般的である。

ユス・アド・ベルームは、主に国家の対外的な暴力行為に関心を向けてきた。国家間の闘争については、正戦論やいわゆる無差別戦争観の時代を経て、20世紀後半から戦争や武力行使の違法化の時代に入った。そこにおいては、自衛権行使や集団的安全保障上の措置を除き、国家による他国に対する戦争や武力行使は、原則的には禁止されている。

他方、暴力行為が国家と非国家的集団の間で一国内でなされるときには、近代の国際法のユス・アド・ベルームはこれに関与していなかった。戦争や武力行使の禁止を完成させたといわれる国連憲章も、その第2条4項で「国際関係」における禁止であることを述べている。少なくとも近代の国際法の成立後についていうなら、一国内で政府と反徒が闘争することは、交戦団体承認がなされたり、あるいは、最近の事象であるが自決権行使団体が一方の当事者であるような闘争を除き、一国内の問題と観念され、武装集団が反乱を起こすことも、それを正統政府が武力で制圧することもユス・アド・ベルームの外の問題であると解されてきたのである。

ユス・アド・ベルーム上の評価との関係で問題が残っているのは、領域的な基盤をどこにも持たず、また特定国家との間に指揮

国際テロリズム入門   真山　全

関係等を持たない非国家的集団が国境外から国家に対し襲撃を行い、国家が越境作戦を含む制圧行動をとる場合である。かかる例は、従前にも存在したと思われるが、ユス・アド・ベルームは、この種の非国家的集団と国家の闘争については、それが越境してなされるにもかかわらず、さほど関心を示してこなかった。このこともあって、非国家的集団が他の国家との関係を有さない場合に、当該非国家的集団への国家による越境しての反撃をどう評価するかの議論が続いている。

2001年の対米大規模テロ後、かかる国境外からのテロ集団の行為に対して自衛権で反撃するという説明が妥当かという問題が改めて議論されるに至ったのは、この問題がなお未解決のまま残存していたことを示すものである。国家による自衛権行使をこの場合に許容するならば、とりわけテロ集団が領域的基盤を持つ国家に準じる主体でもなく、また、他の国家と何のつながりもないときには、非領域的な非国家的集団に対する自衛権行使ということになる。しかし、これには、今日の自衛権概念に合致しないという反論もある。また、テロ集団所在国がテロ集団の活動を支援したり、領域内におけるその存在を容認したりしていないのであれば、当該領域国に対する自衛権や他の事由による当該所在国内での掃討作戦の合法化も難しくなろう。このため、非国家的なテロ集団との関係では、テロ行為実行犯の身柄を拘束するため武力を行使するという域外における被害国国内法の執行という構成をとる立場もある。

いずれの場合であっても留意すべきは、かつて存在しえた暴力行為を伴わない戦意表明のような場合を除いて、ユス・アド・ベルームがいう戦争や武力行使、つまりそれが規制しようとする暴力行為は、一定以上の烈度と継続性を伴う暴力行為であるという

ことである。この意味では、ユス・アド・ベルームは、地上の全ての暴力行為を関心事としているわけではない。しかし、このことは、ある程度の烈度と継続性を持てば、域外法執行と称する場合を含めて、越境テロ行為への反撃をまとめてユス・アド・ベルームの観点からは武力行使と称してもかまわないかもしれないことを意味し、従って、国家の反撃行為については、そこからの合法性評価の対象となるということになる。

(2) ユス・イン・ベロ（武力紛争法）からの検討

国際法からする暴力管理については、ユス・アド・ベルームの他にユス・イン・ベロ、すなわち武力紛争法いう規則群がある。戦争や武力行使の違法化以前にあっては、戦意の明示又は黙示の表明のある国家間の法上ないし国際法上の戦争（*de jure* war）においてはじめてユス・イン・ベロが完全に適用され、法上の戦争ではない事実上の戦争（*de facto* war）では必ずしもそうではないとされた。しかし、戦争や武力行使の違法化というユス・アド・ベルーム上の変化で法上の戦争が観念しえなくなったこと、及びユス・イン・ベロが暴力行為の影響の局限という極めて実際的な目的を持っていることから、事実上の戦争、すなわち武力紛争にも適用されるに至った。

「テロとの戦争」というような表現から人々が連想するのは、まさにこのユス・イン・ベロつまり武力紛争法の適用がある事態であろう。しかし、武力紛争法の適用については、次の諸点を念頭におく必要がある。第1は、ユス・アド・ベルームの規律対象である武力行使が自動的に武力紛争法の規律対象となるわけではないことである。第2は、武力紛争法は、国際的と非国際的の武力紛争を区別し、適用規則になおかなりの相違を設けていることで

国際テロリズム入門　　　　　　　　　　　　　　真　山　　全

ある。

　国連憲章のユス・アド・ベルーム関連規則である第2条4項と第51条は、それぞれ武力の行使と武力攻撃という文言を使用している。第2条4項は、武力による威嚇と武力の行使を原則的に禁止するが、第51条は、武力攻撃発生の場合に自衛権行使が許容されると定めている。しかし、国際司法裁判所ニカラグア事件判決でも議論されたように、武力行使と武力攻撃は異なる概念とされる。従って、武力攻撃に至らない武力行使がありえ、それに対し被害国が対抗してとりうる措置の範囲などが議論されることになる。武力紛争法は、武力紛争の事態に適用されるが、武力行使や武力攻撃と武力紛争の関係は必ずしも明らかではない。武力紛争法のいう武力紛争を、旧ユーゴスラヴィア国際刑事裁判所タジチ事件判決などからして、組織性を有する集団の間の一定の烈度と継続性を持った暴力行為の応酬と捉えるとすると、少なくともいいうるのは、武力紛争ではないが武力行使のなされる状況がありうるということ、及び、武力攻撃は多くの場合で武力紛争を構成するであろうということである。いずれにしても、武力紛争法はそれ独自の武力紛争概念を有するから、テロ行為とそれに対する制圧行動が武力紛争法の適用を受けるためには、それが武力紛争を構成しなければならない。

　武力紛争であるためには、テロ集団がその当事者というに足る組織性を有しているか否かが第一に問題となる。組織されないいわば烏合の衆との間の暴力行為は、制圧側から見れば暴徒化した群衆の整理と同じで武力紛争とはいわないのである。この組織性要件は、1949年のジュネーヴ諸条約の共通第3条その他の条文が紛争当事者という表現を使用していることに含意されているといわれる。テロ行為があちこちで発生しているとしても、組織的な

統制された行為でない限り、こうしたテロ行為の総体を単一の武力紛争ということは適当ではないであろう。しかし、逆にいえば、組織的な行為であれば実行行為が一、二にとどまっている段階であっても武力紛争を構成することは、その烈度も考えればありうるかもしれない。

　武力紛争であるためには、組織性要件の他に烈度と継続性の要件の充足が求められるとする見解が強い。烈度に関しては、赤十字国際委員会は、組織された武装集団間の接触があればよく、死傷者数や使用火力は決定的ではないであろうと考えているが、より高い烈度が要求されるとする国も少なくない。また、国家の正規軍同士の場合とそうでない場合とで烈度基準がそもそも相違するという主張がなされている。組織性のさほど高くない集団の行為が武力紛争となる烈度は、組織性の極めて高い正規軍同士の暴力行為の応酬が武力紛争となる烈度よりも高くなるということは首肯できるのであって、武力紛争当事者の組織性の高低にかかわらず単一の烈度基準を想定することは困難であろう。

　継続性要件については、ジュネーヴ諸条約が使用する武力紛争という文言自体に含まれているとの見解もある。また、継続性とは、1977年のジュネーヴ諸条約第二追加議定書第1条1項のいう「持続的」に「軍事行動を行う」こととしばしば同視される。しかしながら、第二追加議定書は、ジュネーヴ諸条約共通第3条想定の武力紛争よりも大規模なものを適用対象としており、従って、その要件を満たさないものであってもジュネーヴ諸条約上の武力紛争はありうるであろう。

　結局のところ、テロ行為と対テロ制圧行動が武力紛争であるためには、少なくともこういう意味における組織性、烈度や継続性の要件を満たさなければならないが、それらは明確な要件とはい

えない。烈度基準は、とりわけ曖昧であるといわざるをえない。このため、武力紛争要件を論じることの実益に疑問が生じるかもしれない。

しかし、この要件論が武力紛争とそうではない事態の区別にやはり資する場合があるのであり、武力紛争ではない事態に武力紛争法を適用してそこから利益を得ようとする国家の企図に対する反論の基礎を提供するという重要な機能を持つ。例えば、テロ行為をなす者がそれぞれ単独で行為し、相互に無関係であれば、そうした複数のテロ行為を総体として武力紛争と認識することはできない。また、暴力行為の応酬が途絶えれば、そこで武力紛争は終了するのである。従って、「テロとの戦争」の各局面でしばしばいわれたように、相手方の組織性や暴力行為の継続的存在と無関係にテロ行為者の全部の殲滅まで武力紛争が継続し、武力紛争法もそれまで適用され、従って、制圧側の国家によるテロ集団や行為者へのより広範な殺傷と破壊が許容される、ということもないのである。

2 「テロとの戦い」はどのような種類の戦争か

(1) 国際的と非国際的の武力紛争

武力紛争法は、武力紛争を国際的と非国際的の二種に区分し、適用規則に相違を設けている。国際的武力紛争（international armed conflict）は、国家間武力紛争（inter-State armed conflict）のように、武力紛争法上対等とされるもの同士の武力紛争である。国家間に武力紛争が発生すれば、戦争や武力行使が違法化されていることからして、少なくともいずれか一方の国家は違法に武力を行使していることになる。しかし、このユス・アド・ベルーム上

の評価は、武力紛争法の適用に原則として影響せず、武力紛争法上は、両武力紛争当事国は対等な立場で武力紛争を戦う。つまり、互いに相手を害する行為であるところの敵対行為（hostilities）に訴えることは合法であり、従って、敵対行為の仕方に関する規則が存在しうる。また、敵対行為に参加できる者である戦闘員（combatant）は、相手方紛争当事者の権力下に陥った場合には捕虜（prisoner of war）となり、武力紛争法違反のない限り、敵対行為に参加したことについていかなる法的責任も追及されない。これを戦闘員免責という。

この対等なもの同士の武力紛争である国際的武力紛争は、従前、国家間武力紛争、及び、主に一国の領域内で戦われ且つ正統政府が反徒に交戦団体承認を与えた武力紛争に限定されてきたが、1977年のジュネーヴ諸条約第一追加議定書によって自決権行使団体と領域国との間の武力紛争もこの国際的武力紛争に昇格した。

非国際的武力紛争（non-international armed conflict）では、武力紛争当事者間に上記の意味での法的対等性はない。非国際的武力紛争の典型例は、主に一国の領域内で戦われる内戦（civil war, internal armed conflict）であって正統政府による交戦団体承認のないものである。そこでは、反徒は国内法によっていかなる暴力行為も禁止され、国際法は、反徒が武力紛争を起こすことを禁止しないが、正統政府が反徒を暴力行為参加のかどで国内法により処罰することを認めている。つまり、正統政府の軍と警察は、反徒を国内法に従って制圧できるが、反徒は暴力行為の一切を国内法により禁止され、両者が法的に非対等の関係に立つことを国際法が承認しているのである。このような内戦では、法的に対等な関係での撃ち合いがありえない以上、敵対行為の概念は本来的には認めえず、戦闘の方法や手段に関する武力紛争法規則もなじま

い。さらに、反徒は犯罪者であって対等な戦闘員ではなく、従って、捕虜の資格も認められない。政府軍将兵による反徒制圧は、武力紛争であると同時に法執行活動となるのである。こうした内戦の構造は、ジュネーヴ諸条約の規定中、非国際的武力紛争に適用される唯一の条文である共通第3条末文において、同条の適用は「紛争当事者の法的地位に影響を及ぼすものではない」と規定され、同じく非国際的武力紛争に適用されるジュネーヴ諸条約第二追加議定書第3条で、この議定書は「国の法及び秩序を維持し若しくは回復し若しくは国の統一を維持し及び領土を保全するための政府の責任に影響を及ぼすことを目的として援用してはならない」とされていることに明確に示されている。

(2) 外国国家の機関によるテロ行為——国家テロ

テロ行為が外国国家の指揮統制下でなされるなどした場合には、その外国による支配の程度次第で行為が当該外国国家に帰属することがありえ、その国の国家責任が生じる。しかし、責任帰属のための要件と、そのようなテロ行為が武力紛争を構成するとした場合であって当該紛争が国際的武力紛争となるための要件は一致しない。この問題は、ニカラグア事件における米への責任帰属の議論と、タジチ事件判決における国際的武力紛争の要件論の比較からも示されよう。なお、このような場合の烈度要件は、前述のような理由から、国家間武力紛争の場合よりも高く設定されるであろう。

かかる基準から、テロ行為によって当該外国と被害国の間に武力紛争法上の武力紛争が発生するとされ、しかもそれが国際的武力紛争になると判断されることがありうると思われる。しかし、武力紛争法上、行為が外国国家のそれとされ、国際的武力紛争を

構成するとしても、それだけですべての行為が合法的な敵対行為として法的責任を免れることにはならないことはいうまでもない。前述のような紛争当事者の対等性が認められる武力紛争であっても、当該の紛争に適用される武力紛争法規則の違反があれば当然にその責任を追及しうる。

　国際的武力紛争の一部をテロ行為が構成し、そのような行為が文民や民用物を目標とするか、若しくは、それらに過度の付随的損害が発生させる場合、又は、テロ行為者が自己を戦闘員として文民と区別可能な状態に置かないまま殺傷や破壊といった攻撃に従事した場合には、当該の者を機関として使用した国の国際法上の責任が生じる。また、行為が文民からの区別義務違反や、ジュネーヴ諸条約又はその第一追加議定書の重大な違反行為その他の個人の刑事責任を伴う行為であるならば、戦争犯罪として責任が追及される。

(3)　一国の領域内で戦われる非国際的武力紛争
　　　——内戦とテロ

　一国の領域内において当該国内の武装集団が政府等に対して行うテロ行為と、それに対する制圧行動が武力紛争たるための諸要件を満たすことがある。この場合の烈度基準も正規軍同士の接触の場合よりも高いであろう。また、領域国政府は、その統治能力に対する疑念が生まれることを懸念して、自国内で内戦のような武力紛争が発生していることを明示的には認めたがらないという非法的事情も、武力紛争たるための烈度の基準を結果として高くするよう作用している。実際、北アイルランドでのいわゆるテロ行為が全体として武力紛争となることを英は強く否定してきた。英は、第二追加議定書のいうような非国際的武力紛争の烈度や継

続性の要件が武力紛争たるための必要条件であるとの比較的高い敷居を長らく主張してきたのは、北アイルランド紛争も意識してのことであった。

　一国内で領域国政府とテロ集団の間の暴力行為の応酬が武力紛争となる場合には、政府がテロ集団に交戦団体承認を与えることは最早考えられないことからして、当該武力紛争は、先に述べた理由から法的に対等なもの同士の武力紛争ではなく、ジュネーヴ諸条約共通第3条や第二追加議定書のいう非国際的武力紛争となる。そこでは政府は、反徒を犯罪者として制圧し、取り締まることができるという、政府から見れば武力紛争を戦うと同時に法執行活動を行うことになる。

　この場合には、いずれにしても反徒は国内刑法による処罰対象となるから、武力紛争法の観点からは、反徒の行為がテロ行為に該当するか否かを問題とする必要はない。テロ行為の定義を国内法において行い、テロ行為とされる行為をなした反徒を加重的に処罰するとしてもそれは武力紛争法の関心外の事項である。

　このような非国際的武力紛争が行われている国家が同時に外国との間で武力紛争を戦う場合がある。テロ集団と当該の外国の間に指揮統制等の関係がなく、単にこの両者が協同するにとどまるときには、国家は、外国と反徒に対して、それぞれ国際的武力紛争に係る規則と非国際的武力紛争のそれを適用することになる。ヴェトナム戦争中にヴェトナム共和国は、ヴェトナム民主共和国との間には国際的武力紛争が存在し、破壊工作を行いヴェトナム共和国がまさにテロ集団とも呼んだ南ヴェトナム民族解放戦線との関係では非国際的の武力紛争を遂行していると認識しており、従って、それが捕らえた者の取扱いもいずれに属するかによって異なっていた。

(4) 越境型の非国際的武力紛争

　テロ集団と国家との間の暴力行為が武力紛争の段階に達するとしても、それは国際的と非国際的の武力紛争の二分法に従い区分され、その区分がなされれば、細部の解釈問題はあるにせよ、適用される武力紛争法規則は自動的に定まった。しかし、非国家的集団であって一国の領域的支配を争わないものが、国境を越えて他の国家に対し国家間武力紛争に匹敵するかそれ以上の烈度で暴力行為をなす場合については、武力紛争であるのか、そうであるとして国際的又は非国際的のいずれの武力紛争であるのか、あるいは、そのどちらでもないのかについて見解が分かれていた。2001年の対米大規模テロをきっかけに改めてこの問題が提起されたといえる。

　この種のものは武力紛争ではないとの見解も確かにある。しかし、組織性、烈度と継続性の要件を満たしさえすれば、その事実によって一国内の内戦のような闘争であっても武力紛争と武力紛争法上はいうのである。ジュネーヴ諸条約やその第二追加議定書がこの立場を採っていることは疑いえない。従って、テロ集団の非国家性や非領域追求性のみからして武力紛争の範疇外にこれを排除するのは適当ではないであろう。

　中心的な問題は、むしろ武力紛争であるとしたらいかなる種類の武力紛争かである。この種の武力紛争は、従前から存在し、例えば、イスラエルとそれがテロ集団と呼ぶパレスチナの武装集団との間で長らく展開されてきた。しかし、パレスチナにおける闘争は、パレスチナ解放機構等が本来はパレスチナ領域の回復を目指す自決権行使団体であったのであり、そこからみれば国家間の武力紛争と同じ国際的武力紛争とも解されうることから、この種の武力紛争の分析の目的からは適当な例ではなかったとも思える。

国際テロリズム入門

真山　全

2001年の対米大規模テロは、アフガニスタンという国家の事実上の政府であったタリバン政府とアルカイダの関係の問題があるから、非国家的集団による越境攻撃の純粋型ではない可能性があるが、特にアルカイダについては、非国家性と非領域追求性がパレスチナの事例より顕著にあらわれていたことに間違いない。

この種の武力紛争は、暴力行為が越境してなされるという戦域的な意味で国際的な武力紛争といってよいかもしれず、判例や国際的な機関の報告書でそのようないい方をするものもある。しかし、国際的武力紛争は、法的に対等な当事者間の武力紛争を指すというべきであり、ジュネーヴ諸条約やその第1追加議定書はそのような理解をしている。すなわち、ジュネーヴ諸条約はその第3条約が捕虜条約であることからも示されるように、共通第3条を除いて、法的に対等な武力紛争当事者が存在する武力紛争に適用される。そしてそのような武力紛争は、同諸条約に追加して適用される第一追加議定書の正式名称において国際的武力紛争と呼ばれているのである。このことからも、法的対等性を持つ当事者間の武力紛争のみを国際的武力紛争というのが適切である。

それでは、国家との領域的ないし指揮統制上の関係を一切有さないテロ集団は、国家との関係で武力紛争法適用の観点から対等性を取得しているかといえば、これは否定的に解さざるをえない。武力紛争法上、非国家的集団で対等性を獲得したのは交戦団体と自決権行使団体のみである。国際的武力紛争に係る規則の適用主体は、極めて限定的であり、そのサークルは閉鎖的である。

それでは、この種の武力紛争は、非国際的武力紛争であるかといえば、紛争当事者間に法的対等性がないことからその意味ではこれには肯定的に回答できよう。しかしながら、従前の非国際的武力紛争に関する規則は、ジュネーヴ諸条約共通第3条や第二追

3 テロリズムと武力紛争法

加議定書第1条1項が示すように、一国の領域内で生じた当該国の権力争奪や分離をめぐる内戦を念頭においており、越境型非国際的武力紛争を想定していない。特に、第二追加議定書は、領域国の政府と反徒の間に生じた一国内の武力紛争にのみ適用されることが条文上明記されている。このため、越境型非国際的武力紛争に直接的に適用される武力紛争法規則は見い出し難いといわれるのはけだし当然である。但し、条約規定がそのまま適用できないとする立場も、ジュネーヴ諸条約共通第3条は、いかなる武力紛争でも適用される最低限度の人道的規則であって、武力紛争の敷居をこえる烈度の暴力行為の応酬であればその当事者の如何を問わず適用されるべき慣習法であるとの見解もある。

他方、条約規定のいう非国際的武力紛争の意味を広く非国家間の武力紛争と同義に捉えて、単に「国際的性質を有しない」武力紛争に適用されると規定しているジュネーヴ諸条約共通第3条の適用を広く認める見解もある。米連邦最高裁判所の2006年のハムダン事件判決はこの広義の非国際的武力紛争概念を承認して、アルカイダとの武力紛争にジュネーヴ諸条約共通第3条の適用を認めた。

3 「テロとの戦い」に適用される武力紛争法規則は何か

(1) 武力紛争と法執行活動の同時実施

越境型非国際的武力紛争に非国際的武力紛争に係る条約規則の適用があるか否かに関して議論があるが、いずれにしても越境型非国際的武力紛争が非対等の当事者間で戦われることに間違いない。換言すれば、国家から見るなら、相手方は犯罪者であって本

来的意味における戦闘員ではなく法執行の対象となり、国家の軍隊構成員は警察として法執行にあたっていると観念されるのであって、武力紛争と法執行活動が同時になされていることになる。

こうした政府の行動が領域内の単発又は散発の犯罪の取締と異なるのは、テロ集団を制圧するために国家の軍隊と警察が総掛かりで対応しなければならないことがあり、テロ集団の構成員の身柄拘束と処罰と同時に集団を壊滅させる軍事上の必要があることである。さらに、テロ集団が根拠地としている外国の領域内に進入する作戦上の要請が生まれることもある。

前者の事情は、一国内の内戦のような非国際的武力紛争でも存在する。そこから生じる問題は、相手に対する法の執行と軍事的制圧のいずれに力点をおいて行動するかである。法執行的な手法を主用すれば、テロ集団構成員の身柄拘束を重視することになる。他方、武力紛争であるから相手方集団の制圧を第一義的な目的とし、処罰は二義的なものと認識すれば、敵見必殺的手法をとり、軍事的に相手方集団を壊滅させる手法がとられよう。こうした手法の相違は、直接の殺傷と破壊の対象の範囲の相違としてあらわれてくる。

後者の外国領域内進入の必要から、外国領域内での法執行の許容性の問題が生じる。しかし、当然ながら、国家が外国領域内で法執行を行うことは当該外国の同意などのない場合には許容されない。また、テロ集団との武力紛争を自衛権に基づき戦っているとしても、テロ集団とそれが根拠地としている外国との間に一定以上の密接な関係がない場合には、外国領域内での作戦行動の法的根拠を見いだすことは困難である。しかし、ここでの問題は、事実状況として存在している武力紛争における武力紛争法の適用問題であるから、域外法執行となる対テロ制圧行動の国際法上の

根拠そのものについてはここでは棚上げにしておくことができるように思われる。

(2) 敵対行為直接的参加の概念

　法的に非対等な当事者の間で争われる非国際的武力紛争では、それについての武力紛争法関係の条約規則の大部分は、武力紛争犠牲者保護に関する規則であり、戦闘の方法と手段に関しては詳細な定めがない。これは、特に内戦のような非国際的武力紛争に法執行と両立しない武力紛争法規則を導入することについて諸国は強い忌避反応を示してきたからである。ジュネーヴ諸条約共通第3条も敵対行為に直接参加しない者の人道的待遇と傷病者の収容看護を要求しているだけであって、そうすることによって法執行活動の障害にはならないことを確保している。

　越境型非国際的武力紛争で特に議論されているのは、いずれの者に対し暴力行為を指向できるかである。ハムダン事件判決がいうように条約規定として直接に越境型非国際的武力紛争に適用があるか、あるいは、慣習法として適用されるかはともかく、ジュネーヴ諸条約共通第3条の規定が越境型非国際的武力紛争に適用されるとすると、同条が「敵対行為に直接に参加しない者（武器を放棄した軍隊の構成員及び病気、負傷、抑留その他の事由により戦闘外に置かれた者を含む。）は、すべての場合において……人道的に待遇しなければならない」としているから、これら敵対行為の直接的参加者以外については、射撃その他の暴力行為を向けられないことになる。

　しかし、敵対行為及びそれへの直接的参加の解釈次第で直接の殺傷対象となる者の範囲は異なってくる。身柄拘束と裁判を経ての処罰を重視する法執行的思考からすると、敵対行為を発砲その

他直接の暴力行為に限定して捉え、且つ、直接的参加も当該の暴力行為に現に従事している間に限るであろう。このような解釈であれば、越境型非国際的武力紛争中のテロ行為従事者は、一旦、暴力行為を停止すれば射撃等による殺傷対象にはならず、身柄拘束のための実力行使の対象となるだけとなろう。殺傷の対象となるか否かは当該の構成員のそのときどきの状態次第となるのである。この解釈は、いわゆる回転ドア（revolving door）問題を伴う。しかし、ここから、イスラエルや米がそれぞれパレスチナやイエメンで行ったような敵対行為に現に参加していない容疑者に対するターゲテット・キリング（特定個人指向殺害）式の殺害の合法性を否定することもできることになる。

　他方、敵対行為を射撃の直接的支援や、輸送、通信、情報といった後方業務に拡大するという見解がある。直接的参加概念についても、暴力行為への個別的な従事の期間に限定せず、武装集団の構成員であることから常に敵対行為に直接的参加をなすものと推定するという解釈の仕方もある。この場合には、それが構成員たることのみで暴力行為対象となるような集団が想定されることになろう。つまり、国際的武力紛争に係る規則のいう軍隊構成員では元よりなく従って戦闘員資格は法上付与されていないとしても、恒常的に暴力行為対象となるという限りで国際的武力紛争における軍隊構成員と同じ扱いを構成員が受けることになる集団である。

　非国際的武力紛争における敵対行為とそれへの直接的参加の概念を拡大し、そこでの武装集団構成員を国際的武力紛争における軍隊構成員に接近させて解釈することは、個別の構成員のそのときどきの行為には直接に関係なく暴力行為を指向できるので制圧側にはより便利である。実際にも、イスラエル裁判所判決では、

輸送等の後方支援的業務を敵対行為に含めたものがある。また、赤十字国際委員会の2009年の報告書では、武装集団の構成員は、継続的に敵対行為に参加するのであるから、構成員たることのみで暴力行為対象となることを否定せず、集団構成員性への依存が従来よりも強く主張されていることが注目される。しかし、非国際的武力紛争における非国家的集団とそれ以外のものの境界線は、国際的武力紛争における国家の正規軍と文民の間のそれほどには明確ではないから、こうした集団構成員性基準に過度に依拠することは、危険でもある。

(3) 敵対行為の方法と手段

　敵対行為の方法及び手段の規制に関する規則で非国際的武力紛争に適用されるものは、極めて少なかった。それは、先に触れたように、非国際的武力紛争は、政府側から見れば法執行であることからして、敵対行為の方法と手段の規制は、理論上はなじまないものであったからである。しかし、タジチ事件判決もいうように、国際的武力紛争で禁止される行為は、非国際的武力紛争でも同様に禁止されるという考え方が支配的になりつつあり、国際的武力紛争に係る規則の設定した保護水準を下回ってはならないという見解が強くなっている。実際、例えば、敵対行為の手段である兵器の国際的武力紛争における使用規制の非国際的武力紛争への適用拡大の動きが特定通常兵器使用禁止制限条約の2001年における改正に見られるように顕著である。

　もっとも、敵対行為の方法と手段の規制規則の非国際的武力紛争への導入は、理論上の要請からではなく、殺傷と破壊の抑制という実際的な理由から主張されていることをここで改めて確認しておく必要がある。さらに、非国際的武力紛争に係る規則の方が

殺傷と破壊の抑制の観点からして好ましい結果を生むこともありうることを想起しなければならない。つまり、法執行的要素の存在の故に、国際的武力紛争に適用される規則よりも非国際的武力紛争に適用される規則において、殺傷又は破壊がその直接の対象以外に波及することを回避しようとする傾向が強く見られると思われるのである。国際的武力紛争の場合には、こうした波及的効果であって人命や財産に及ぶものを付随的損害と称する。国際的武力紛争に適用される規則は、付随的損害が過度となる攻撃を違法とするに過ぎない。この種の過度の付随的損害発生防止等に関する条約規則は、第二追加議定書や特定通常兵器使用禁止制限条約改正第二議定書で非国際的武力紛争にも導入されつつあるが、非国際的武力紛争の際には、さらに警察比例といった執行上の原則から、直接の容疑者以外への影響を極小とすべきであるという構成をとりうるであろう。換言すれば、国際的と非国際的の武力紛争における必要性や均衡性の基準は同一ではないかもしれないということであり、非国際的武力紛争の場合にはその本質的な性質から、国際的の場合よりも一層抑制的な殺傷や破壊しかなしえないという説明ができる。非国際的武力紛争に適用される条約規則の貧弱さを克服するため、敵対行為に関する国際的武力紛争に係る条約規則を導入することは、国際的武力紛争で許される最大限度までの殺傷や破壊が非国際的武力紛争でも許容されるという解釈を生むことになりかねないのである。

(4) 捕らえられた者の取扱い

2001年の対米大規模テロ事件以降、米が捕らえたいわゆるテロ集団の構成員の扱いについて激しい議論がなされてきた。タリバン政府が支配していたアフガニスタンと米の間に国際的武力紛争

3 テロリズムと武力紛争法

が存在していたことから、この両国の軍隊間の闘争の過程で捕らえられた者にジュネーヴ諸条約の適用があることに疑いはない。従って、タリバン将兵についてはジュネーヴ第3条約第4条A(2)の四要件充足を正規軍ながら要求されるかや、第3条約上の保護を受けない者はすべて第4条約の保護対象となるかといったジュネーヴ諸条約の適用を前提とした上での個別の論点を巡っての議論がなされてきた。他方、アルカイダ構成員に関しては、それとの闘争がジュネーヴ諸条約の適用される国際的武力紛争でも同諸条約共通第3条の適用のある非国際的武力紛争のどちらでもないとして、米は、ジュネーヴ諸条約のいずれの規定の適用も否定していた。

　アルカイダとの闘争が越境型非国際的武力紛争であり、それとタリバンとの指揮統制の関係がないとすると、アルカイダ構成員の捕虜資格否定は、首肯できることである。非国際的武力紛争の場合には、戦闘員が存在しないことから、武力紛争法上の捕虜もなく、越境的非国際的武力紛争も同じと考えられる。そこで捕らえた者を捕虜として扱うことは妨げられないが、捕虜としての保護の付与は義務的ではない。しかし、このことは、捕らえられた者の扱いを定める規則が存在しないことをもちろん意味しない。武力紛争法が捕虜としての取扱いを義務的とはしないというにすぎないのであって、適用可能な他の武力紛争法規則や人権法その他の保護は受けるはずである。米による取扱い方法で問題とすべきは、捕虜資格の否定ではなく、この部分である。特に、捕虜ではないとしても武力紛争で捕らえられた敵集団構成員であるので、アルカイダ構成員をいわゆる不法戦闘員として扱い、クイリン事件米連邦最高裁判所判決を踏襲しつつ、通常の場合に与えられる国内法上の人権規定の適用を否定し、さらに公正で独立した裁判

所とは言い難い軍事審問委員会で裁いたことに非難が集中した。米連邦最高裁判所ハムダン事件判決も、ジュネーヴ諸条約共通第3条の条約規則としての適用を認め、その共通第3条によって捕らえられたものの正式裁判が義務的であると判示した。同判決は、共通第3条の条約規則としての適用範囲を広く解することによって、国際的と非国際的の武力紛争に係る規則のいずれの保護も受けない者、つまり保護の間隙に落ち込む者の発生を回避したといえよう。

越境型の非国際的武力紛争の場合に一般に問題となりうるのもこの部分である。つまり、越境型非国際的武力紛争を従来の国際的又は非国際的の武力紛争のいずれでもないとすると、そこで捕らえられた武力紛争当事者であるいわゆるテロ集団の構成員は、ジュネーヴ諸条約の適用から外れ、慣習法である武力紛争法の規則による保護しか受けなくなる。共通第3条が慣習法として越境型非国際的武力紛争にも適用されるとすれば、最低限度の人道的規則適用と正式裁判による判決の言い渡しが確保されようが、それ以外の適用可能な慣習法たる武力紛争法規則を特定することは、かかる紛争がさほど議論されてこなかったこともあって相当に困難である。このことから、武力紛争の事態においてなお適用可能な人権法規則の意義が相対的に高くならざるをえない。

4 結　び

武力紛争法適用の観点からする武力紛争の有無の判断は、暴力行為主体である集団の組織性、暴力行為の烈度や継続性からなされる。テロ行為と対テロ制圧行動が武力紛争法の適用のある武力紛争となる場合があるかもこうした基準に従って検討されるので

ある。本稿では、テロ行為の定義それ自体には触れなかった。それは、武力紛争の有無に関するこうした判断基準のいずれもその適用においてテロ行為か否かを特段問題としていないからである。

　武力紛争法からして重要な問題として提示されるのは、テロ集団の行為とそれへの国家の制圧行動が武力紛争となることがあるとしても、それが、国際的又は非国際的のいずれの武力紛争であるかである。この区分は本質的には、戦域の国際性又は非国際性ではなく、武力紛争当事者間に法的対等性があるか否かに依る。交戦団体承認を受けておらず、また、自決権行使団体でもないようなテロ集団は、現在の国際法においては武力紛争遂行に際し国家と法的に対等とされることはない。従って、かかるテロ集団と国家との間の全ての武力紛争は、国際的と非国際的の二分法を前提とするなら非国際的武力紛争である。「テロとの戦争」を武力紛争法上の武力紛争と構成すれば、テロ集団に武力紛争法上の一定の地位を承認することになるとの見解がある。武力紛争とすれば武力紛争法規則の適用を受けることになるからその意味でテロ集団に法上の一定の地位を付与されることに間違いない。しかしながら、非国際的武力紛争という構成であるから、テロ集団構成員に対等の戦闘員としての資格を与える訳ではない。テロ行為と対テロ制圧行動をそれがいかなる烈度であれ併せて武力紛争とするに反対の立場には、武力紛争と構成することとテロ集団に武力紛争法上の対等性を与えることを混同しているものがある。武力紛争であっても非国際的武力紛争であれば、制圧側の国家からして法執行活動に他ならないことが想起されなければならない。

　こうした武力紛争であって戦域が国境を跨ぐものがあるとしても、紛争当事者間に法的対等性がない以上、国際的と非国際的という武力紛争の二分法からすると後者に属するものと考える他は

91

ない。しかしながら、従来の非国際的武力紛争に係る条約規則は、一国内の非国際的武力紛争、すなわち内戦を想定して作られてきたから、これをそのまま越境型非国際武力紛争に適用可能であると断言することにはなお問題がある。このことからすれば、武力紛争法の従来の条約規則が想定していなかった事態が生じていることは否定できないであろう。

4 英国におけるテロリズムの法的規制

初 川 満

- 1 序　文
- 2 英国におけるテロ行為規制法の歴史
  - (1) 概　説
  - (2) 北アイルランド（緊急規定）法とテロ行為防止（暫定規定）法
  - (3) 2000年テロ行為法
  - (4) 2001年対テロ行為、犯罪及び治安法
  - (5) 2001年法以降
- 3 テロ行為の定義
  - (1) 2000年テロ行為法以前
  - (2) 2000年テロ行為法
- 4 主なテロ行為規制措置
  - (1) 概　説
  - (2) 法益の剥奪
  - (3) 資金の規制
  - (4) テロ容疑者の処遇
- 5 結　び

1 序　文

今日において、民主主義と法による支配を守りかつ維持することが、民主的国家にとりその存在理由と言ってよいであろう。なかでも人権の尊重が、民主主義の守るべき最も重要な価値であることは疑いようがなかろう。それ故に、たとえ民主的国家自体を破壊しようとするテロリズムに対してでさえも、その規制は、基本的人権を尊重しつつ合法的に行われなくてはなるまい。

とはいえ、民主主義の破壊を目的とするテロ行為から民主主義

国際テロリズム入門　　　　　　　　　　　　　　　初川　満

を守るために、場合によっては個人の人権を制限せざるを得ないこともまた、避けられない現実である。

　では、人権の制限は、民主主義を守るためにはどこまで許されるのであろうか。言い換えれば、テロリズムの抑圧には、いかなる手法によるいかなる範囲の規制が許されるのであろうか。

　そもそも人権の制限は、人権の享受を制限する以上人権への侵害というべきであるから、あくまでも人権を尊重する社会を守るために「必要な限度」においてのみ許される。すなわち、テロ行為を規制する措置により守ろうとする利益とそれにより侵害される人権の間にいかなるバランスを取るかが、まさに問われることとなるのである。

　そもそも、テロという緊急事態における「必要な限度」を論ずることは、有事の際には非常に困難となることは言うまでもないが、たとえ平穏な時においてさえも決して簡単なことではない。とはいえ比較的冷静な議論が可能な今日においてこそテロリズムの法的規制を議論することは、人権の保護の見地からも急務であろう。

　そこで本編では、テロ行為の法的規制に豊富な経験を有し多くの国がモデルと考えている英国におけるテロ規制法を、分析して行くこととしよう。そしてこれが、人権保護の要請に答えつつ行うテロとの戦いはいかにあるべきかを考える手がかりとなれば幸いである。

2　英国におけるテロ行為規制法の歴史

(1)　概　　説
(i)　英国は、アイルランド以外にも、ケニア、パレスチィナ、

4 英国におけるテロリズムの法的規制

マレーシア等において組織的な反植民地主義者による政治的暴力を経験し、歴史的に最も政治的暴力に遭遇した国といえよう。

しかるに英国政府は、こうした英国支配に向けられた植民地での暴力を、テロ行為と呼んできている。例えば、アイルランドにおける治安への脅威に立ち向かうため、1881年（アイルランド）治安保全法、1882年（アイルランド）犯罪防止法、1887年（アイルランド）刑事及び手続法などといった多くの特別緊急立法が制定されたが、そこでは一貫して、起きている事態は戦争ではなく犯罪的テロ行為であるとの立場が堅持されていた。

なお、こうして長年に渡るアイルランド（後には北アイルランド）における英国支配に起因する政治的暴力が、英国におけるテロ行為規制法の歴史を形成して行くこととなった。そして、そこで作られた法律により治安当局は、現在では人権侵害とされるような尋問方法や抑留、逮捕、捜査等に関する幅広い警察権限を、治安問題に対処するとの口実の下に確保して行った。

さて、1922年のアイルランド自由国（現在のアイルランド共和国）の英国からの分離後は、特に北アイルランドにおける紛争にばかり焦点が向けられることとなった。これは、北アイルランドは、1921年から1972年の英国議会による直接政治までの間、北アイルランド議会で多数党であったプロテスタント・アルスター統一党が統治していたため、多数派のプロテスタントと少数派のカソリック間で争いが激化したことが、主な原因といえよう。

その結果例えば、1939年に始まった IRA（英国からの独立を目指すアイルランド民族主義者による反体制軍事組織）の組織的活動をきっかけに、同時テロ行為の準備や扇動を行った者の追訴権限を行政機関に与えた1939年暴力防止（暫定規定）法が可決された。

(ii) こうして、第二次大戦後においても、英国のテロ関連法は、

国際テロリズム入門　　　　　　　　　　　　　　　　　　初　川　　満

北アイルランド紛争に起因するテロ行為に対処するために作られたものが、その中心となっていった。もっとも、1972年に IRA による組織的テロ行為が英国本土に広がるまでは、1922年行政機関（特別権限）法に基づく尋問や抑圧といった、もっぱら通常の権限に基づき対処していたのであり、テロ行為を取り扱う特別法は1970年代に始めて導入されたにすぎない。

　北アイルランドにおいてデモ中のカソリック住民を英国軍が殺害した1972年の「血まみれの日曜日」事件、そしてこれへの報復として IRA が行った1974年バーミンガムパブ爆破事件をきっかけに、北アイルランドでの紛争に対処するための特別立法がこのあと作られるようになった。すなわち、1973年にまず、北アイルランドにのみ適用される一時的かつ特例的な法律として北アイルランド（緊急規定）法が制定され、翌1974年には、北アイルランドを含む英国全土に適用される時限法として、テロ行為防止（暫定規定）法が制定された。そしてこれら二法は、その後何度も修正・補強されつつ再制定されていった。

　その後の北アイルランドにおける紛争に対処するための緊急権限は、こうした北アイルランド（緊急規定）法とテロ行為防止（暫定規定）法の二つの法レジームに分けることが出来る。これら二レジームは、いわば「処」に関する特別法と一般法のような関係であり、北アイルランドにおいては北アイルランド緊急規定法が、もっぱら適用された。これらの主な目的は、テロリストの行為を犯罪として扱い、犯人を政治犯とか自由の戦士ではなく犯罪者として扱うことにあったが、結果としては、市民の犠牲の上に、治安当局の捜査及び強制権限が強まって行くこととなった。

　なお、1984年テロ行為防止（暫定規定）法において、条文中に初めて国際テロ行為が含まれ、その後北アイルランド関連法のテ

ロ行為に加え外国からのテロ行為をも視野に入れるこの法の流れは、多少の修正を伴いつつも1990年代終りまで存続していった。

(iii) しかるに2000年になり、これら二つの法レジームは、北アイルランド関連のテロ行為や国際テロ行為に加え、動物の権利や環境に関する団体、文化的人種的あるいは民族的グループといった、他の国内グループも対象とした恒久的なテロ行為規制法へと統廃合された。すなわち、英国全域における政治的、宗教的又はイデオロギー的動機でのテロ行為全般を扱う包括的な恒久法として、テロ行為法が作られたのである。

そして、こうした立法の流れは、2001年9月11日の米国でのテロ事件に呼応して作られた2001年対テロ行為、犯罪及び治安法、それを補正するものとしての2005年テロ行為防止法、そして2005年7月のロンドン爆破テロ事件をきっかけにつくられた2006年テロ行為法へと続いていった。

(2) 北アイルランド（緊急規定）法とテロ行為防止（暫定規定法)

(i) 1970年代以降主に北アイルランドにおいて悪化した紛争に対処するために、その地域に限定して適用される北アイルランド（緊急規定）法（Northern Ireland（EmergencyProvisions）Acts）と英国全土をカバーするテロ行為防止（暫定規定）法（Prevention of Terrorism（Temporary Provisions）Acts）の二つの法レジームが作られた。そしてこの結果、北アイルランドには二組の適用可能なテロ行為対処法のレジームが存在することとなった。

勿論この二つの法レジーム以前にも、テロ行為対策法としては、1970年代以降も1978年テロ行為規制法、1996年テロ行為防止（特別権限）法、1997年北アイルランド武器放棄法、1998年刑事証拠法、

同年北アイルランド（刑罰）法及び刑事裁判（テロ行為及び共同謀議）法などといった重要な法律が作られてきている。

とはいえこれらの法律は、補足的なテロ対策法と言うべきものであり、主に刑事手続の面に焦点を合わせたものであった。例えば1998年刑事証拠命令は、北アイルランドにおいて被告の黙秘から推論を導き出すことを検察に許す黙秘権の制限の制度を導入した。そのためもあり、これらの法律は、北アイルランド（緊急規定）法及びテロ行為防止（暫定規定）法、そしてこれらの継承法である2000年テロ行為法のようにテロ行為対策の法レジームの中心的位置を占めるものではなかった。

(ii) 英国による1972年の北アイルランド直接統治後に制定された1973年北アイルランド（緊急規定）法は、北アイルランドにのみ適用され、英国の他地域には適用されない緊急権限を規定した。

この法律は、緊急規定であったため一時的かつ特別な法であり、以降1975年、1976年、1987年、1991年、1996年、1998年、と何度も修正や補強をされつつ再制定され、内容や権限の規模及び範囲を増大していったが、2000年テロ行為法により廃止された。

まず、北アイルランド（緊急規定）法が、それまでの特別権限法の手法を踏襲したものとしては、以下のような点を挙げることができる。

・幾つかの犯罪に関し、立証責任を被告に転嫁させる証拠手続の変更。・単独裁判官による陪審員なしの公判手続。・司法手続によらない予防的抑圧といった行政抑圧の権限。・逮捕、捜査、押収などにおける特別権限。・組織の法益剥奪の公式通告の権限。

そして、新しく犯罪として規定したものとしては、・テロリスト組織の指揮。・適切な説明のつかない物の所持　・禁止された組織への公然の支持。などがある。

その上、軍隊には、市民の逮捕や尋問とか道路の封鎖などといった法的権限が与えられた。

(iii) 1970年代初めになると、北アイルランドでの紛争は英国全土へと広がっていった。例えば1974年には、バーミンガムでIRAによるパブ爆破事件が起きた。そしてこれをきっかけに、1930年代のIRA爆弾キャンペーンに対処する目的で作られた1939年暴力防止（暫定規定）法をモデルとしたテロ行為防止（暫定規定）法が、暫定的な危機管理を目的として同年に制定された。

この1974年法は、1939年法が規定していた英国本土から人を移すための放逐命令などに加え、IRAの法益剥奪のための公式通告制度などを新しく規定した。

なおこの法は、北アイルランド関連の政治的暴力との戦いを主な目的として制定され、1976年、1984年及び1989年に修正再制定され、2000年テロ行為法により廃止された。この法は、例えば逮捕、抑留、捜索、差押えなどに関する手続について、広い権限を警察に与えた1974年法の主要な規定を残しつつ、再制定のたびに幾つかの新しい権限を加えていった。

この法律は、英国全土に適用されることから、北アイルランド（緊急規定）法とは次のような違いがあった。例えば、行政抑留に関する条項を含まず、軍はいかなる特別権限も与えられていなかったし、裁判システムに特に構造的な変更はなく裁判手続きは通常の刑事裁判と同じであった。そしてまた、この法は、移民の入国禁止命令とか湾等における特殊な監視というものを含む点や、北アイルランド法よりも長期間の抑留を規定していた点が異なっていた。

とはいえ両法は、幾つかの犯罪に関し立証責任を転嫁し、組織の法益保護を剥奪する規則を含み、法益を剥奪された組織に対す

る財産的支援を犯罪とする、などといった点については類似していた。

(iv) 北アイルランド（緊急規定）法が、北アイルランドにおける紛争行為にのみ適用されたのに対し、テロ行為防止（暫定規定）法は、1984年の改正以来国際テロ行為にも向けられるようになっていった。とはいえ、英国全土に適用されるとはいっても、もっぱら北アイルランド関連の行為に適用されただけであった。

また、北アイルランド法とテロ行為防止法の二つの法レジームは、共に北アイルランドに関係ない国内テロ行為に対し適用されることはなかった。例えばスコットランドやウェールズの民族主義者、あるいは人権差別主義者とか動物の権利や環境に関する急進的先鋭的な運動家などによるテロ行為は、2000年テロ行為法により初めてその対象となった。それまでの彼らによるテロ行為は、特別法によって規制されていない限りは、通常の法律により対処されるにすぎなかったのである。

なお、二法レジームにおいて、特別組織の禁止、域内追放、未決抑留などという行政権限が、長年にわたる立法やその修正法により強化されていった。その結果として、テロ行為に対処するという名目による治安当局の権限は、市民の犠牲の上に一層強まっていった。

(3) 2000年テロ行為法 (Terrorism Act 2000)
(i) 1996年ロイド卿は、北アイルランド和平交渉の流れの中で、テロ行為対策のための適切な恒久法はいかにあるべきかを調査し、以下の点を考慮した立法の必要性を勧告した。

(ア) 対テロ行為法というものは、可能な限り通常の刑事法及び刑事手続きに近いものでなくてはならない。

(イ) 脅威への対処に必要な場合のみ、制定法による特別な犯罪や権限が正当化される。

この場合には、治安上の必要性と個人の権利や自由の間に適切なバランスがとられなくてはならない。

(ウ) 対テロ行為法は、国際法上の義務に合致していなくてはならない。

そこでブレア政府は、(ア) 当時北アイルランドに実施されていた1998年北アイルランド（緊急規定）法が2000年8月に失効するため、代わりとなるものをどうするかが重大な争点となっていること。(イ) 1998年の聖金曜日に署名されたベルファスト協定に拠った北アイルランドの「平和への過程」が、重大な影響を及ぼしてきたこと。例えば、この協定は治安事項の見直しを条件としていた。(ウ) ヨーロッパ人権条約を国内法に組み入れる1998年人権法が可決され、既存の対テロ行為条項のより慎重な吟味が必要となったこと。(エ) EUの求める人権保護の条件に合致するテロ行為を規制する条項を一つの法典に集めることが、EUの要請であったこと。などを理由として、ロイド勧告を参考に2000年に、北アイルランド（緊急規定）法とテロ行為防止（暫定規定）法を統廃合した恒久法として、テロ行為法を作成したのであった。

なお、この2000年テロ行為法は、2000年7月20日採択され、2001年2月19日に発効した。

(ii) それまでの対テロ行為法は、専ら北アイルランドの事態に関連したテロ行為に対処するために作られたものであり、後に国際テロ行為にも選択的に適用されるように修正されたにすぎない。しかるに政府は、2000年法においては、規定された全ての予防的抑圧的な措置は、原則としてあらゆる形態のテロ行為に適用されるものとした。

国際テロリズム入門　　　　　　　　　　　　　　　　　　　初川　満

　すなわち政府は、テロ行為を以下のように分類し、同法はその全てに適用されるとした。(ｱ)　北アイルランドの「平和への過程」に反対する北アイルランドのグループによるテロ行為。(ｲ)　英国以外における政治的紛争に起因する国際テロ行為。(ｳ)　北アイルランドのテロ活動に関連するグループ以外のグループによる国内テロ行為。

　こうして、英国における国内テロ活動が減少し、比較的長期に渡って平穏であったこの時期において、政府は、地域や状況により個別に適用されていた暫定的な法律に代わり、英国全土に適用される包括的な規制措置を定めた単一の恒久的一般法の導入に踏み切った。

　(iii)　2000年法は、要するに、従来以上に幅広い集団を対象とし、もっぱら英国全土に等しく適用され、新しく扇動罪などを加えつつもこれまで採用されていた特別権限や特別犯罪のほとんどをそのまま維持した、恒久法である。

　具体的には、まず1条に、北アイルランド関連以外の国内テロ行為やその共犯者も適用の対象となるような、テロ行為の拡大した定義を置いている。これに加え、新たにテロ行為の扇動、テロリストの訓練、テロ行為従事者グループへの財政的支援の刑罰による禁止などと言った、新しい犯罪を規定している。もっとも大部分は、例えば、法益保護の剥奪権限、逮捕、捜索、押収及び入国の特別権限といった、それまでの法律に既に規定されていたものを統合強化したものであるが。

　ところで、同法で注目に値する点として、それまでの法律に規定されていたものが幾つか欠けていることを挙げることができる。例えば、(ｱ)　政府転覆を企てるテロ容疑者を、英国本土から北アイルランドへ移送することを許す追放命令が廃止された。(ｲ)　司

法手続きなしの抑留権限は1998年北アイルランド(緊急規定)法により廃止され、本法においても規定されていない。但し、後述の2001年法では再規定されたが。(ウ) テロ情報保有罪が、規定されていない。但し、これも2001年法では復活しているが。

とはいえ本法は、英国全土に適用される法と北アイルランドにのみ適用される法に分かれていたテロ対策法が、史上初めて一つの法典として纏められた点が、最も重要であろう。

なお、本法は今や、テロ行為に対する一般法として、多くの国によりテロ規制法の手本とされていると述べておくこととしよう。

⑷ 2001年対テロ行為、犯罪及び治安法(Anti-Terrorism, Crime and Security Act 2001)

(ⅰ) 2001年9月11日米国で起きたテロ事件は、2000年テロ行為法が予定していなかった新しいタイプのテロの脅威を世界中に見せつけた。ここに到り国連安全保障理事会は、事件直後の9月28日に、テロリストグループの財源を押さえる行動を起こすこと、そのために採用した措置を90日以内に報告すること、テロ行為を行う者の安全地帯をなくし、そうした目的での領土の使用を防ぐことなどを、全加盟国に求める決議1373を採択した。

そこで英国政府は、宗教起源の国際テロ行為を規制を正当化する脅威の中に含めた2000年法を制定したばかりであったにもかかわらず、より一層の規制措置が必要だと考え、2001年12月14日新法を採択し同日即時施行した。

しかるにこの法は、2000年法の大部分をそのまま残してはいるが、英国が現実に直面している脅威には比例しないような過酷な権限をも含んでいる。そしてまた、対テロ行為活動に限定するという制約は課さずに警察や行政機関の一般権限を増強する多くの

条項をも含んでいた。こうした点では、米国におけるテロ事件が発生しなければとても受け入れられないような権限の大拡張が、本法により行われたといえるであろう。

(ii) 2001年法では、以下のようなテロ行為と安全に関する幾つかの新しい規定が加えられた。なお、法益剝奪の公式通告、テロ目的の訓練の犯罪化といった2000年テロ行為法に規定されている対テロ行為措置は、そのまま適用される。

最も重要な新規定としては、司法手続きなしの外国人の抑留権限に関するものが挙げられよう。これは、英国在任の外国人で危険な国際テロ容疑者であるにもかかわらず、母国に送還すると死刑又は拷問などの対象となる危険性がある場合には、国外追放がヨーロッパ人権条約における生命についての権利を限定した２条や拷問を禁止した３条の違反となるためにこれを行えない者が存在するため、司法手続なしでの無制限の抑留を再規定したものである。

次に、テロリストの財産の没収やテロ行為の支援のために用いられる資金の凍結などに関して、英国の機関が保有する外国の財産の凍結についてと公的機関が保有する情報の公開についての規定が、2000年法の規定に新しく加えられている。

また、大量破壊兵器や病原菌といった危険物、原子力発電所や空港施設などのテロ攻撃に弱い重要な施設の管理についても、それまでの法律をまとめる形で詳細に規定し、更に加えて、これらの危険物がテロリストに利用されることを防ぐために、これらの使用や使用を助ける行為を犯罪としたり、これらの施設がテロリストの目標とされることを防ぐために、これらの関連情報を漏洩することも処罰の対象としている。

なお、例えば、2000年法がテロ活動に関する情報の告知義務を

仕事関連情報のみに制限していたにもかかわらず、2001年法はこれを、日常生活において発生した疑いのあるものにまで広げている。こうしたことからも、本法には、あまりにも行政権限を増強拡張する規定が多く含まれているとの批判がなされている。

(5) 2001年法以降

(i) そもそも国際テロ容疑者を国内法により起訴する場合、起訴できるだけの証拠が無いとはいえ釈放は社会の安全にとり益とならない場合や、公判廷で証拠を提出することには国の安全の見地から当局が躊躇する場合などが起こり得る。とはいえ、こうしたテロ容疑者といえども、司法手続によらずに無制限に拘束することは出来ない。予防的な抑留を行いたくとも、国内法の権限が欠けているならば、釈放か起訴あるいは国外追放のいずれかを選択しなくてはならない。

しかるに、外国人のテロ容疑者で、受け入れ国において拷問される恐れがあったり、適切な旅券が入手できないといった理由により、国の安全へ脅威を及ぼす場合でも国外へ追放できない者が存在した。そこで2001年法は、英国にとり有害となるであろう将来の活動に加担するのを防ぐ目的で、国外追放を待つ外国人テロ容疑者を、理由を述べることなく無期限に抑留できるとの新規定を置いた。

ところが、2004年12月に貴族院上訴委員会（日本の最高裁判所に相当）が、この英国国民ではない者の無期限の抑留に関する規定について、以下のように判示した。

この規定は、外国人に対する場合と異なり、英国国民には無期限の抑留を認めていないから、差別を禁止した自由権規約に違反する。そのため、英国の国際法上の非差別義務に抵触するから、

条約上の国家の遵守義務のある権利を緊急時に停止することを許すヨーロッパ人権条約15条（権利の停止）に違反する。従って、英国に遵守義務がある身体の自由についての権利（同条約5条）の保証は、停止することは出来ない。

これにより、2001年法の外国人テロ容疑者の処遇に関する規定は、ヨーロッパ人権条約に合致しないと、貴族院により宣言されることとなった。

(ii) 2004年の判決の結果、国際テロ行為容疑での外国人の抑留に関し、英国民と異なる扱いが出来なくなった政府は、外国人テロ容疑者に関する2001年法の規定の訂正を目的とする新法を、急拠2005年3月11日に限時法として成立させた。

この2005年テロ行為防止法は、ヨーロッパ人権条約5条（身体の自由についての権利）の違反から免れることを意図し、権利の停止を必要とする命令と必要としない命令の二種類の「管理命令」を出す権限を、内務大臣に与えた。

なお、「管理命令」とは、テロ行為の危険から人々を保護する目的で、テロに何らかの関係がある個人に対し制限を課すための命令を意味する。同法は、以下の二つの管理命令を規定している。まず、テロ行為に関与したと疑うに足る根拠がある場合には、内務大臣は、裁判所の許可を得て、ヨーロッパ人権条約5条の権利の停止の明示を必要としない管理命令（移動、通信、物品の所持等に対し、制限や条件を課す等）を発せられる。次に、テロ行為に関与した可能性が高い場合は、同大臣は裁判所の許可を得て、権利の停止を行わなくてはならない管理命令（例えば、自宅監禁）を発せられる。

(iii) ところが2005年7月に二度にわたりロンドンで発生した同時多発テロ事件は、死者50余人負傷者700余人という大惨事を引

年　表

1914年　「国土防衛法」
1921年　プロテスタント・アルスター統一党による、北アイルランド議会支配始まる（1972年まで）。
1922年　アイルランド自由国（現在のアイルランド共和国）の分離。
　　　　「行政機関（特別権限）法」
1939年　「暴力防止（暫定規定）法」
1953年　「欧州人権条約」発効
1971年　「出入国法」
1972年　英国議会による北アイルランド直接統治始まる。
　　　　血まみれの日曜日事件（北アイルランド）。
1973年　「北アイルランド（緊急規定）法」（後1975年、1976年、1987年、1991年、1996年、1998年再制定）
1974年　バーミンガム　パブ爆破事件
　　　　「テロ行為防止（暫定規定）法」（後1976年、1984年、1989年再制定）
1976年　「国連自由権規約」発効
1984年　「テロ行為防止（暫定規定）法」再制定、国際テロ行為を含む。
1996年　ロイド委員会勧告
1998年　ベルファスト協定
2000年　「テロ行為法」
2001年　9月11日　米国テロ事件
　　　　9月28日　国連安全保障理事会「決議1373」
　　　　12月14日　「対テロ行為、犯罪及び治安法」
2004年　貴族院上訴委員会判決
2005年　3月　「テロ行為防止法」
　　　　5月　欧州審議会「テロ行為防止条約」採択
　　　　7月　ロンドン同時多発テロ事件
2006年　「テロ行為法」

き起こした。そこで、それまで予想もしなかった自国育ちの若者によるテロ行為の発生に驚いた政府は、あわててテロ行為の準備、

国際テロリズム入門　　　　　　　　　　　　　　　初川　満

扇動及びテロ目的の訓練などの行為を処罰できるような、新しいテロ対策法の作成をまたもや急いだのであった。

なお、こうした法律の作成には、テロ犯罪の扇動、テロ目的での誘拐、テロ目的での訓練、といった行為の犯罪化を求めた、欧州審議会が2005年5月に採択したテロ行為防止条約の国内法化という意味もあった。

こうして、2000年テロ行為法の規定を一層強化するという手法を採り、例えば2000年法のテロ行為の扇動にメッセージの配布等を加え、テロ目的の指導や訓練の禁止に手段や技術の移転等を追加し、テロ行為の称揚という新しい犯罪形態を規定したテロ行為法が、2006年3月30日に新しく成立し4月13日に施行された。

この2006年法の狙いは、若者をテロ行為に勧誘したりテロ行為を促進しようとする英国在住の過激なイスラム教教職者たちを、法執行機関が追跡して行くことを可能にすることにあった。

なお、2006年法施行後も、既存のテロ行為規制法の改正が、議会で論議され続けている。

3　テロ行為の定義

(1)　2000年テロ行為法以前

(i)　北アイルランド（緊急規定）法及びテロ行為防止（暫定規定）法のテロリズム規制法の二つのレジームにおいては、共にテロ行為とは、「政治的目的での暴力の行使であり、公衆又はその一部を、恐怖に陥れる目的での、いかなる暴力の使用をも含む。」と定義され、例えば前述の1989年テロ行為防止（暫定規定）法は、20条1項にこの定義を置いている。

もっとも1989年法は、既述のように北アイルランド関連のある

いは幾つかの場合においては国際テロ行為に関連する行為、にのみ適用される特別法であった。よって、同法の定義に該当する行為であっても、ウェールズやスコットランドの独立運動に起因する行為といった北アイルランドでない英国他地域の事件に起源をもつ国内テロ行為などは、この法律の適用外であった。

その上、「政治的目的」及び「暴力」という表現が、何ら定義されていなかったこともあり、このテロ行為の定義は、現実には非常に広くかつ不正確なものであった。そのため、「政治的目的での暴力の行使」には、例えば、政治的なデモは言うに及ばず、場合によっては労働組合の争議行為における暴力といった大衆抗議行動をも含み得ることとなった。

(ii) ところが、近年テロ行為の劇的な増加に伴い、その性質も顕著に変化してきた。そこで、それまでのテロ行為の一般的解釈に加え、具体的なテロ行為の分析によりテロ行為に該当すると考えられる犯罪を表に載せるという、いわゆる「一覧表化された犯罪」という概念を用いテロ犯罪に対処しようとする手法が、1998年北アイルランド（緊急規定）法に導入された。

この一覧表には、北アイルランドにおけるテロ活動の全てを捕捉するために、非常に幅広い犯罪が含まれた。例えば、暴動、誘拐、殺人、放火、人及び財産に対する重大な犯罪、様々な爆発物及び火器の使用犯罪、強盗、脅迫、恐喝、非合法組織のメンバーなどといった、既存の犯罪を主に含んでいた。言い換えれば、テロリストが犯しそうな犯罪を余すところなく記載していると考えられるが、同時に、明らかにテロ行為を行う動機がなくとも犯されるであろう犯罪までも含んでいた。

とはいえ、テロ行為の定義は、2000年テロ行為法が作られるまでには、変わることもなく、同じものがテロ行為規制法の全てに

国際テロリズム入門　　　　　　　　　　　　　　初　川　　満

用いられ続けていた。しかるにテロ行為の定義は既述のように緩やかだったため、テロ犯罪は、特定の重大な犯罪にのみ限定されることなく拡大して用いられる危険性があった。もっとも、例えば、私益を目的とした強盗の際に暴力を用いた通常の犯罪者をその対象と出来るか、などという点については疑問ではあったが。

(iii)　何度も述べたように、これまで見てきたテロ関連法は、主に北アイルランド紛争により引き起こされたテロ行為に関するものであった。しかし例えば、ウェールズやスコットランドの民族主義者のみならず、人種差別主義者、無政府主義者、偏狭な動物愛護団体などによっても、会社の破壊行為とか食物への毒物混入といったテロ行為が発生してきた。

にもかかわらず政府は、既存の法レジームが対象とする「政治的目的」（法律の範囲内）と、後述の2000年法における「宗教的又はイデオロギー的動機」という定義含まれる「社会的目的」（2000年法以前には、法律の範囲外）との間に、区別をつけてきた。つまり、後者により引き起こされるテロ行為に対しては、特別法がない限りにおいては通常の法により対処してきたのである。

とはいえ、テロ行為の定義があまりに広くかつ不正確なためテロ行為の一般的解釈が拡大され、本来テロリズム規制法が予定した範囲を超えて一般犯罪をも対象とされる恐れが出てきた。そこで、テロ行為に該当する犯罪を限定することを目的として、「一覧表化」の手法が導入されたといってよかろう。もっとも、特定の重大犯罪に限定することなく該当犯罪リストを無制限に広げることは、本来例外的な犯罪に限定すべきテロ犯罪そのものを卑小化しかねないという危惧があった。

そこで後述のように、2000年テロ行為法は、第一条に長く詳細な定義を置き、例えばフーリガンのような非政治的理由による「公

衆又はその一部を恐怖に陥れるもの」を除外することとしたのである。

(2) 2000年テロ行為法
(i) これまでのテロ行為の定義は、通常の刑事法で処理すべき些細な暴力の行使をカバーすることも可能だという点では広すぎるが、オウム事件のような宗教的動機によるテロ行為は適切にカバーできない点では狭すぎることが、問題とされるようになった。そのため政府は、ロイド委員会に新しいテロ行為対策法の作成のための調査を依頼した。

そこで同委員会は、それまでのテロ行為規制法に該当しない脅威にも対処できる措置を含んだ立法の必要性を主張し、「テロ行為」に関しF.B.Iが用いていた「政治的、社会的又はイデオロギー的な目的を促進させるために、政府、公衆あるいはそのいかなる一部であれ威迫し若しくは強要するために、人又は財産に対し重大な暴力の行使あるいはそのような暴力を行使するとの脅し」という定義を勧告した。

しかるに政府は、この定義は、恐喝のようなむしろ通常の犯罪者により行われる犯罪といった社会的目的での重大な暴力の行使を含むであろう点はあまりに広すぎるし、暴力的でも破壊的でもないとはいえ破滅的な結果をもたらすであろうような行為、例えばコンピューターシステムの妨害とか水道や電力の供給の妨害といった場合も含まないであろうだけでなく貯水池汚染とかコンピューターのハッキングやデータの改ざんといった財産に対する危害の形態をカヴァーしないから狭すぎる、と判断した。

とはいえ、政府と委員会は、北アイルランド関連のテロ行為の脅威とは別に、対テロリスト法を必要とするような特定のテロ行

為の脅威が存在することを共に認め、こうしたものに対処するための恒久的な法を作る時が来ているという認識では一致を見た。

こうして政府はテロ行為をより広く解釈した2000年テロ行為法を作ることとした。

(ii) その結果作られた2000年法は、政治、宗教あるいはイデオロギーのいずれによって動機付けられたかを問わず、あらゆる形態の国内及び国際テロ行為を一つの規制の枠組みでカバーするという、より広い定義を採用した。

テロ行為を詳細に定義した第1条は、テロ行為とは以下の場合の「行為」の「行使又は脅威」と規定している。まず「行為」とは、「人に対する重大な暴力や財産に対する重大な危害を含み、行為者以外の人の生命を危険に陥れたり、公衆又は公衆の一部の健康若しくは安全への重大な危険を作り出したり、電子システムへの重大な妨害若しくは混乱の発生を意図するものをいう。」そして「行使又は脅威」は、「政府に影響を与えるためあるいは公衆又は公衆の一部を脅かすために意図され、かつ、政治的、宗教的若しくはイデオロギー的動機を押し進める目的でなされなくてはならない。」

なお、2001年対テロ行為、犯罪及び治安法は、21条5項に「テロ行為とは、2000年テロ行為法第1条により与えられた意味を有する。」と規定し、2000年法と同じ定義を共有している。

(iii) 本法の定義は、1989年法に代表される定義と比べると、「人に対する重大な暴力」のみを含んでいる点では、制限的であると言える。しかし、本法の財産に対する「重大な危害」が、一般法に加え本法による特別の権限までも正当化するかどうかは明らかでない。その上、「重大な」という語句は、何ら定義されていない。また、政治的理由に加え、宗教的及びイデオロギー的理由を含ん

でいる点、並びに「暴力」のみならず「重大な混乱」までもカバーする点において、1989年法の定義よりもずっと広い範囲の行為を網羅するものとなっている。

例えばこの定義は、明らかに人のみならず財産にも適用され、また暴力のみならず重大な混乱もまたカバーするから、環境保護や動物愛護の団体による直接行動までも含む意図をもっているし、コンピューター施設や公共施設へ重大な混乱や危害を加える恐れも、明らかにカバーしている。

なお、本法における定義は、法執行機関や裁判所に非常に広い裁量の余地を与えているため、通常はテロ行為とは見做されないであろう多くの行為、例えば労働争議におけるストライキ行為などにも適用される可能性があるとの批判がなされている。

但し、本法におけるテロ行為の一般的定義は、あくまでも2000年法及びこの定義を共有する法の枠組みの中においてのみ機能するものであり、特定のテーマに特化した対テロ行為文書や1998年刑事裁判（テロ行為及び共同謀議）法のような制定法では、各々が規制しようとする状況に適合した定義が採用されている。

4　主なテロ行為規制措置

(1)　概　　説
(i)　英国におけるテロ行為対策における基本的な考え方は、テロリストは殺人や爆破といった通常の重大刑事犯罪を犯すのであって、テロ行為についての特別の犯罪というものは本来存在しないというものである。そこで、テロ行為に対しては、もっぱらテロリストを支援する行為を規制するための特別手段として、例えば扇動、称揚などを特別の犯罪として規定してきた。

なお、それまでの二つの法レジームを統廃合して作られた2000年テロ行為法は、恒久法として、北アイルランド関連のテロ行為に限定することなく、国際テロ行為と共に、文化的、人種的あるいは民族的グループなどの他の国内グループの行為にも関心を寄せていった。

しかるに、9.11事件にショックを受け急拠作られた2001年法は、主に外国人テロリストの処遇に関し規定したが、その後も、現実となってきた国際テロ行為に対処するために、2000年法や2001年法を修正し補強するものとして、2005年テロ行為防止法、2006年テロ行為法が作られている。

こうして、テロの発生が今や日常化した社会の変化に伴い、これまではあまりにも苛酷すぎると考えられていた種々の権限が、これらの立法により常態化されていったのである。

そこで本章においては、これらのテロ行為規制法における規制措置について、いかに挙げる三つの場合について詳しく見て行きたい。

(ii) なお、ここで「権利の停止」について、触れておくこととしよう。

テロ行為のような民主的社会を破壊しようとする非常事態が発生し、既存の国内法システムでは結果的に対処し得ない状況が作り出された場合、一言でいうと国家の存亡にかかわる公の緊急事態において、国家が国際人権条約上負っている権利や自由の保護義務を一時的にではあるが停止することが、国際社会において認められている。これは、権利の停止（Derogation）といい、個人の利益と社会の利益の間に均衡を取る目的でなされる、個人の人権に対する制限の手法の一つである。

とはいえ、公の緊急事態においてこそ重大な人権侵害が発生す

ることは歴史の教えるところだから、権利の停止には厳格な条件を課し国際社会の監視の下に置く必要がある。例えば英国は、自由権規約とヨーロッパ人権条約を批准しているから、両条約（各々4条と15条）に規定された権利の停止の要件を厳しく遵守しなくてはならない。なお、緊急事態において権利の停止を行うか否かは、英国では排他的に政府の外交権限の行使の問題である。

そもそも北アイルランドでは、「公の緊急事態が存在していた」として、第二次大戦前から一貫して逮捕又は抑留に関する規定を含む緊急権限を、法律により規定していた。しかるに1951年の欧州人権条約の批准によって、緊急権限の規定について同条約15条（緊急時における権利の停止）の要件を充たすことを必要とされる場合が出てきたため、政府は、北アイルランドに関連した組織的テロにより「公の緊急事態が存在している」と判断し、以降何回も同条項による権利の停止を行っている。

なお、この権利の停止は、既述のように、最近では2001年法の外国人テロ容疑者の司法手続によらない抑留について問題となった。

(2) **法益の剥奪**

(i) これは、ある組織がテロリストの活動に関与していると思われるという理由により、内務大臣が当該組織の活動の禁止を宣言し何らかのテロ支援行為を犯罪とするといった手法であり、北アイルランド（緊急規定）法及びテロ行為防止（暫定規定）法により、まず北アイルランドに関係したテロ行為に関与する組織に対し導入された。例えばIRAは、1974年テロ行為防止（暫定規定）法により、早い時期に法益を剥奪された。

その後、1989年テロ行為防止（暫定規定）法や1996年北アイル

ランド（緊急規定）法においてこうした組織は一覧表化され、大臣の命令に基づき法益を剥奪されるだけでなく、組織に加わること自体も犯罪とされた。

しかるに、こうした法律により法益を剥奪された組織は、例えばIRAとかThe Ulster Freedom Fightersといった北アイルランド関連の組織ばかりであった。ところが、こうした組織について、英国本土では1989年法に基づく剥奪は行わないにもかかわらず、北アイルランドでは1996年法に基づき行うといった例が幾つか出てきた。その上、剥奪されたグループの選別課程に政治的偏見があるとの不満も強かった。

(ii)　こうしたことから、2000年テロ行為法では、北アイルランド関連でないカテゴリーのグループを加えることを許し、北アイルランドとか英国本土に限定することなく英国全域に適用される、政治組織の禁止に関する一般的権限が規定された。

すなわち、2000年法では、内務大臣は、テロ行為に関与していると信ずるテロリスト組織の法益を剥奪する権限を与えられている。そして、テロ行為に加担し、テロ行為を準備し、促進し、あるいは助言などを行うならば、その組織はテロ行為に「関与している」とも規定している。もっとも、関与しているという概念は、同法のテロ行為の定義が広いこともあり、あまりにも漠然としていて不正確だとの批判がなされているが。

なお2000年法までのシステムにおいては、ある組織が法益を剥奪された場合は、司法審査によってのみ剥奪の通告の正当性を争うことが出来た。しかるに2000年法では、法益の剥奪に利害関係がある団体や個人は、組織の法的保護を求めまず内務大臣に次いで法益剥奪上訴委員会に、不服申立を行うことが出来る。

(iii)　なお、法益の剥奪という手法に関しては、以下のような議

論がある。

　賛成論としては、これはテロリストの様々な犯罪の立証や資金獲得のための活動を規制することを容易にし、また、テロリストの活動に対する社会的な批難の象徴として、こうした組織の活動を妨げたり加担を抑止する効果がある。などと主張されている。

　否定論としては、法益の剥奪は、表現の自由への干渉であり、表現の自由が縮小する怖れが強いことや、禁止されたグループは単に異なる名前で再結成し得るから、テロによる暴力のレベルの低下に直接益することはそれほど期待できない。などと主張されている。

(3) 資金の規制

　(i) これは、IRAなどのテロリスト組織への資金の流入を監視する意図をもって、言い換えれば、テロリスト組織の財源を枯らすため導入されたテロ行為対策権限の一つである。

　例えば、1974年テロ行為防止（暫定規定）法は、禁止された組織のために故意に金を稼ぎ、支援を要請し、あるいは寄付を受け取ることを犯罪とした。こうした規制手段は徐々に拡張されていき、1989年テロ行為防止（暫定規定）法は、テロ行為に用いる意図で金銭等の財産を請い、使用し、保持することなどを規制し、こうした財産に関する情報の告知義務を定めていた。また、1991年北アイルランド（緊急規定）法は、没収について厳しい措置を規定していた。

　(ii) しかるに2000年法は、こうした規制をより拡大した。まず、資金又は他の財産の懇請、受領、保持、提供、使用などをそれまで通り犯罪とし、テロリストとの関係がなければ完全に合法的である様々な金融取引を犯罪とした。その上新たに、テロ目的での

資金調達やマネーロンダリングに関する刑事犯罪が拡張され、金融機関への情報開示命令が規定され、通報義務も課された。また、警察官などに、国境での現金差押権限が与えられた。なお、テロリストの財産に関する犯罪に係った金銭などの没収命令を、裁判所は出すことが出来る。

　一言でいって、2000年法における資金規制措置の特徴としては、金融犯罪の一般的拡大と外国におけるテロ行為へも没収を拡げたことを、挙げることができる。なお後者は、国連が1999年に採択し2002年に発効した、テロ資金供与防止条約に含めさせたものである。

　(iii)　2000年法に規定され2001年法には言及されていないもの、例えば、テロ行為の定義や資金の調達に関する規定には、2000年法が適用されることは言うまでもない。とはいえ2001年対テロ行為、犯罪及び治安法には、テロ関連財産の凍結命令が新しく加えられ、テロリストの現金の差押えや没収権限が拡大され、またこうした犯罪を他者が犯したとの疑いをもった金融機関従事者に対して、2000年法よりも一層厳格な通報義務が課せられている。

　また、こうしたテロ行為の財源の監視のための手法は、一般市民の協力を促しかつテロ行為者を思い止まらせるためのテロ行為対策の一つといえるが、2001年法はこれらをより強化した。例えば、テロ行為の財源支援を捕捉するための新しい道具として、金融機関に対する情報の開示命令や通報義務が規定され、たとえ銀行員、弁護士、ジャーナリストなどといった善意の第三者により保有されていようとも、捜査関連資料を入手する権限を当局は行使し得ることとなった。

　とはいえこうした情報には、個人の秘密情報であったり、あるいはジャーナリストが保有する情報のように知る権利といった公

益のために入手されたものもあるだろう。そのため、こうした情報を当局が強制的に利用する場合は、こうした人たちの守秘義務を上廻るような、情報の提供により得られる公益というものが存在するかどうかについて、慎重に考慮しなくてはならない。

(4) テロ容疑者の処遇

(i) 司法手続によらない行政抑留という手法は英国でも昔から用いられてきたが、テロ容疑者の抑留については、1914年国土防衛法によりアイルランドで初めて用いられ、以後北アイルランドにおいてもっぱら用いられてきた。

北アイルランドで1970年代前半に頻繁に用いられたこの抑留は、被抑留者の扱いの苛さに批判が高まり、1975年以降用いられなくなっていった。しかし、テロリスト対策法を必要とする将来の脅威を理由として、この抑留権限は削除されることなく条項中に存続していった。

しかるに、北アイルランドの和平交渉の妨げとなることから、1998年北アイルランド（緊急規定）法においては司法手続によらない抑留は廃止され、代わりに司法当局による審査が規定された。そして、この立場は、2000年テロ行為法において踏襲された。

ところが、2001年対テロ行為、犯罪及び治安法において、司法手続によらない外国人テロ容疑者の抑留を認める条項が、再び導入されたのである。

(ii) 1971年出入国法は、市民ではない者について、内務大臣は、国の安全を守るためにはその者の存在が「国民のためにならない」という政治的性質の理由により国外追放できる、と規定している。また、追放を待つ間は、逮捕や抑留を行うことが出来るとも規定されている。

国際テロリズム入門　　　　　　　　　　　　　　　　　　　初川　満

　よって、英国においては、外国人国際テロ容疑者については、(ｱ)　国外に追放する。(ｲ)　国内法に基づいて起訴する。(ｳ)　自由にさせる。といった３つの選択肢が存在していた。

　ところが拷問や非人道的取扱を受ける恐れのある国への追放は、拷問や非人道的な取扱を禁じた自由権規約７条及びヨーロッパ人権条約３条により、英国は行えないこととなってしまった。つまり、国の安全にとり危険となるだろう個人について、たとえその者の存在がテロ行為との関係で「国民のためにならない」と判断されても、場合によっては追放は国際人権法によって禁止されることとなる。

　(iii)　そこで政府は、2001年法において、国際テロ容疑者の取扱に関する第四の選択肢として、「容疑者が英国にとり有害となるであろう将来の活動に加担することを防ぐための抑留」を規定した。

　これにより、国際テロ容疑者であるとの認定書が内務大臣により発行されると、その者の英国への入国あるいは滞在の許可は取消され、出入国法により追放あるいは退去させられる。しかし、もしもその者が、拷問などを受ける恐れがあるといった国際人権条約の問題によりあるいは適切な旅券書類が入手できないという実際的な考慮から国外追放され得ないという場合には、追放を行えるようになるまで理由を付すことなく無期限に抑留できることとなった。もっとも、受入国があれば、いつでも自発的に出国出来るのではあるが。

　言い換えれば、英国市民のみならず国際テロ容疑者である外国人でも、国の安全へ脅威を及ぼすとはいえ強制退去を免れた者は、原則として司法手続によらなければ無期限に抑留することはできないのであり、予防的抑留の国内法権限が欠如していれば、こう

した者は起訴されるか釈放されなければならない。そこで2001年法により、国外追放され得ない外国人テロ容疑者の無期限抑留を可能とする立法が行われたのである。

(iv) ところが、こうした国際テロ容疑者の抑留に関し2001年法が与えた権限の幅広さは、以下のような重大な疑問を生じさせた。

ヨーロッパ人権条約5条1項（身体の自由への権利）は、「退去強制のためにとられた行為」の場合のみ抑留を許している。よって、もし退去強制が拷問や非人道的取扱いなどを禁止している条項により妨げられ追放される可能性がない場合には同条項に該当しないこととなるから、抑留は許されないこととなる。そこで英国は、この条項の義務を免れるため、同条約15条により認められている緊急時における権利の停止を行い、2001年法23条（国際テロリストの抑留）によって、国の安全に脅威となる国際テロ容疑者で国外追放を行えない外国人の期間を定めない抑留を可能とした。

ところが、この権利の停止及び2001年法に関しては、外国人のみの抑留を認めている点が差別ではないかが争われ、既述のように2004年に貴族院上訴委員会が、外国人に対する差別となるから権利の停止は行われないと判示した。

このため、国際テロ行為の容疑で外国人を抑留するに際し英国国民と異なる取扱いを行えなくなった政府は、急拠2005年テロ行為法を成立させ、英国人でないテロ容疑者の取扱いについて、ヨーロッパ人権条約5条1項違反を免れることを意図した管理命令のシステムを導入したのである。

5 結 び

英国におけるテロ問題は、北アイルランド関連のものが主で

国際テロリズム入門　　　　　　　　　　　　　　　初川　満

あった。そのため、これはもっぱら政治的問題であると見られたこともあり、カソリック信者への差別解消のための法律の導入といったような政策がもっぱら採られてきた。とはいえまた、英国政府は、北アイルランド関連のテロ行為には、時には軍事的手法によるものを含む積極的政策で応じる必要があるとも見ていた。

　そこで、人々がテロ行為に関与することを防ぎ、関与した人々の逮捕や抑留が容易に行えるよう意図された、北アイルランド（緊急規定）法とテロ行為防止（暫定規定）法といった緊急法が作られたのである。そしてこの法の流れは、恒久的な2000年テロ行為法に受け継がれ今日に至っている。

　英国におけるテロ行為規制法の狙いは、例えば、テロリストを自白させることの難しさとか、証人を恐怖に陥れる可能性といった、テロ行為の特殊性から派生する問題は考慮せざるを得ないとしても、出来得る限りにおいて通常の刑事裁判手続による処理を目的とすることにある。こうした考えは、国際テロ行為が重大な位置を占めてきた21世紀の今日においても、英国のテロ行為規制法の根幹をなすものといえる。

　なお、北アイルランドにおけるテロ行為の長い歴史を有するとはいえ、英国は国際テロリストに甘く、テロリストの天国と言われていた。特に外国からのテロ行為の対象となることへの現実的恐れは、市民の中にはあまりなかった。国際テロ行為とか北アイルランドに関係しない国内テロ行為は、9.11事件後ですら、それほど深刻なものとは考えられていなかったのである。

　しかるに、2005年7月に勃発したロンドン同時多発テロ事件は、国際テロ行為の危険性が現実のものであることを、人々にまざまざと見せつけるものとなった。これにより、まさにテロリズムは、英国の日常的風景の一部と化したといっても、過言ではない。

5 イラクの治安状況及びテロ対策

門司健次郎

はじめに
1 イラクのテロの背景
　(1) 3つの宗派・民族
　(2) シーア派
　(3) スンニ派
　(4) クルド人
　(5) アルカイダ
2 治安の悪化
　(1) 米軍やイラク政府に対する攻撃
　(2) 宗派間対立の激化
3 治安の改善
　(1) 治安改善の要因
　(2) 力による上からの動き
　(3) 下からの動き
　(4) シーア派マハディ軍による停戦
4 バグダッドの内側から見た治安状況
　(1) バグダッド到着
　(2) 最初のテロ攻撃
　(3) 国際地区への攻撃
　(4) 一般地区での攻撃
　(5) 治安の改善
5 包括的なテロ対策
　(1) 治　　安
　(2) 政　　治
　(3) 経　　済
　(4) 対外関係
6 結　び

はじめに

本章は、「イラクの治安状況及びテロ対策」を取り上げる。

まずイラクのテロの背景に触れた上で、筆者が駐イラク日本大使としてバグダッドに勤務した2007年3月から2008年7月までの

イラクの宗派・民族分布図

- トルコ
- シリア
- イラン
- モーフィル
- エルビル
- キルクーワ
- サーマッラー
- ファッルージャ
- バグダッド
- バスラ
- クウェート

宗派・民族分布
- スンニ派
- クルド
- シーア
- スンニ派とクルド
- スンニ派とシーア派

期間を中心に、テロの続発による治安の悪化と、その後の治安の劇的な改善について述べる。その中で治安の改善をもたらした要因である治安分野におけるテロ対策についても触れたい。更に、バグダッドで自ら体験した現地の治安状況も紹介する。

この期間は、イラクの治安が極度の悪化に向かい、内戦による国の崩壊さえ懸念された状況から、一転して治安の劇的な改善へと向かった時期であり、治安分野におけるテロ対策とその効果を見る上で格好の機会であったと考える。なお、最近の状況については関連する部分で簡単に補足することとする。

更に、テロ対策は、治安分野のみならず、政治、経済、社会、対外関係といった広いコンテクストの中で捉える必要があるので、これらについても簡単に述べることとする。

本章が、他の章のテロに関する理論的な論考を補完するものとなることを期待する。

なお、意見に係る部分については、全て筆者の個人的見解であることをお断りしておく。

1 イラクのテロの背景

(1) 3つの宗派・民族

まずイラクの構成要素である3つの宗派・民族について、治安の観点から触れておきたい。イラクは、人口の約60%と多数を占めるシーア派アラブ人、20%のスンニ派アラブ人、15%のクルド人、そしてアッシリア人その他から成る。クルド人の宗派はスンニ派であるが、民族の違いの方が大きく、スンニ派アラブ人との連携は見られない。

サダム・フセイン政権の下では、少数派のスンニ派アラブ人（以

下「スンニ派」と呼ぶ。)が恐怖政治により権力を独占し、シーア派アラブ人（以下「シーア派」と呼ぶ。)とクルド人は、スンニ派から迫害・抑圧を受けてきた。もっとも、クルド人は、湾岸戦争に際してフセイン政権に叛旗を翻し、米英はイラク北部に飛行禁止区域を設けてクルド人をフセイン政権の介入から保護したため、今日に至るまで相当程度の自治を享受してきた。

イラク戦争後の治安の悪化は、フセイン政権の崩壊により、力と恐怖による統一の枠組みが崩れ、3つの構成要素がそれぞれの利益を追求することにより相互間の対立が尖鋭化したこと、更にアルカイダ等の外国のテロリストが加わったこと等によりもたらされたものである。治安悪化の背景には、政治的な対立があることを理解する必要があり、3つの宗派・民族間の国民和解なくしては、真の治安改善とその維持は困難である。

(2) シーア派

多数派のシーア派は、初めて権力の座に就いたが、スンニ派に対する積年の恨みとフセインの政党であるバアス党復活に対する恐怖から、スンニ派の徹底的な排除を試みた。

シーア派には2つの非合法民兵組織があった。

シーア派の政治グループを率いるサドル師の下のマハディ軍は6万人を数え、米軍占領に反対し、米軍及びその存在を承認するイラク政府を直接攻撃するとともに、スンニ派民間人も攻撃の対象とした。バグダッド市内のサドルシティには250万人のシーア派住民が住んでおり、マハディ軍はそこを支配してきた。また、シーア派内部の権力闘争も激しく、マハディ軍は、次に述べるシーア派のバドル軍とも対立し、衝突を繰り返してきた。

なお、後述するが、サドル師は、2007年8月にマハディ軍の停

戦を命じ、更に2008年6月には一部の過激な部隊を残し、マハディ軍を社会的文化的団体に改組した。

一方、ハキーム師（2009年8月逝去）が率いてきたシーア派の政党、イラク・イスラム最高評議会は、バドル軍と呼ばれる民兵組織を有している。バドル軍の多くの者は、イラク警察に組み込まれており、一部の者が警察の制服のままスンニ派民間人を攻撃する事件も発生した。バグダッド市内で英国人コンサルタントがイラク警察の制服を着た多数の者により誘拐された事件が発生した際、筆者は、偽の制服だと思っていたら、本物の警察官による犯行と聞いて驚いたことがあった。

(3) スンニ派

スンニ派は権力の座から追われたが、かつてのスンニ派の支配の復活を希望しており、その可能性を信じている者も多い。筆者は、スンニ派の国民議会議員から、スンニ派は実際にはイラクで多数を占めており、権力への復帰は可能だとの声を直接聞いたことがある。

連合国暫定当局は、2003年5月という戦後の早い段階で、サダム・フセインの政党たるバアス党の党員であった者を公職から追放する「非バアス化」を実施し、実務に精通した多くの公務員が諸官庁から追い出された。この非バアス化は、イラクの行政機構を崩壊に近い状態に追いやったのみならず、スンニ派に連合国及びシーア派に対する強いしこりを残し、その修復には長い時間を要することとなった。

また、連合国暫定当局は、同年5月に何らの経済的補償もなくイラク軍を解体したため、多くの旧軍人が生活の糧を失ってしまった。彼らは武器を持ったまま野に下り、かなりの者がスンニ

派の武装勢力に参加することとなったと言われている。

スンニ派の武装勢力は、サダム・フセイン体制の残党、旧軍人を含むスンニ派の不満分子、犯罪者から成る。それぞれが別個の目的を有しているが、米のイラク占領には全員が反対である。

(4) クルド人

クルド民族は世界最大の少数民族と言われており、イラクのクルド人にとって、北部クルド地域の独立は悲願であった。クルド人は、湾岸戦争後に実質的な自治を進めてきたが、イラク戦争後は、現実的な観点から連邦国家の一員としてイラクに留まるとの決定を行った。しかし、シーア派とスンニ派の対立の中で、既得権益に加え可能な限りの利益の確保を図ろうとしている。イラク戦争前、クルド地域では内部の2大勢力の対立で多くの暴力事案が発生したが、戦後はクルド人全体の利益のために同盟が組まれた。クルド地区には、ペシュメルガと呼ばれる軍隊組織があり、テロ事件も少なく治安は相当程度安定している。

しかし、クルド自治政府は、石油利権の配分方式、クルド地域に近接し以前はクルド人住民が多数を占めていた油田地帯のキルクークの帰属等を巡って中央政府と対立している。また、キルクークではテロ事案も多発している。

(5) アルカイダ

イラクの構成要素ではないが、暴力の当事者であるアルカイダについてもここで触れておく。イラクのアルカイダは、主としてスンニ派のイラク人により構成・運営されている。外国人テロリストは、多くがシリア経由で密入国しているとされており、支援的役割と自爆攻撃の任務を担うと言われている。アルカイダは、自爆攻撃、大型トラック爆弾、重要な政治・宗教施設への攻撃等

大規模で目立った攻撃を行う能力を有している。その目的は米国をイラクから追い出すこと及び大規模な宗派対立を煽ることである。

なお、一般犯罪も多く、犯罪組織による殺害、営利目的の誘拐、強盗は珍しいことではない。また、シーア派やスンニ派の反抗勢力に加担する組織や個人も多い。

2　治安の悪化

イラク戦争終了後も、スンニ派の武装勢力や不満分子による米軍等に対する攻撃は継続し、次第にその規模及び頻度を高めていった。米軍はスンニ派居住地域で大規模な掃討作戦を実施、一般市民にも多くの犠牲者が出た。これに呼応して、米軍占領に反対するシーア派民兵もバグダッド及び南部で米軍やイラク政府に対する攻撃を行うようになった。また、アルカイダやその他のテロ組織は、スンニ派部族長の支援も得て、米軍やイラク政府に対する大規模で目立った攻撃を行ってきた。

シーア派とスンニ派との間の対立は当初から存在していたが、2006年2月、サーマッラーにあるシーア派の聖廟爆破を契機に、宗派間対立が一気に激化し、一方による他方への攻撃とそれに対する報復の繰り返しという悪循環により、一般市民の死亡者は急増した。アルカイダも、米軍やイラク治安部隊への攻撃とともに、宗派間対立を煽るため一般市民を対象としたテロ活動を行い、イラクの治安は極度に悪化した。

(1)　米軍やイラク政府に対する攻撃

イラク戦争は、2003年3月20日に開始され、4月9日にはバグ

ダッドが陥落、5月1日にはブッシュ米大統領により大規模戦闘終結宣言が出された。しかしその後もサダム・フセイン政権下で権力の座にあったスンニ派の武装勢力や不満分子からの米軍・多国籍軍や暫定当局、その後のイラク当局、イラク治安部隊等に対する攻撃は継続し、米国の占領政策の準備不足もあって市民の不満が高まるにつれ、次第にその範囲、規模、頻度を増していった。

2003年8月には、バグダッドの国連事務所が大規模な爆破テロにあい、デ・メロ国連事務総長特別代表始め多くの国連職員が死亡し、国連チームはイラクから撤収を余儀なくされた。また、多国籍軍や外国人に対する攻撃も増加した。奥大使、井ノ上書記官の2名の日本外交官と大使館のズラ職員が銃撃を受け殉職したのは11月末であった。

2003年12月にフセイン前大統領が拘束され、治安面での改善が期待されたが、2004年に入っても攻撃は収まらないどころか、都市の占拠等むしろ大型化していった。特に2004年4月にはバグダッド西方70kmのファッルージャにおいて民間警備会社の米国人4名が殺害されたことを契機に、米軍による大規模な掃討作戦が実施されたが、住民に多くの犠牲者を出し、中止を余儀なくされた。夏以降再び武装勢力の活動が活発化し、米軍は同年11月に再度ファッルージャに大掃討作戦を敢行し、一定の成果を挙げた。しかし、イラク全土における攻撃は収まらなかった。

スンニ派の武装勢力は、アルカイダと協調して米軍等を攻撃し、スンニ派の部族長たちもこれを支援した。特に、スンニ派地域であるアンバール県ではスンニ派の部族長の抵抗が強く、米軍も行動が制約され、無法地帯とさえ呼ばれていた。

シーア派の民兵も、ファッルージャの戦闘の後、スンニ派の米軍への抵抗に呼応して米英を始めとする多国籍軍に対する攻撃を

5 イラクの治安状況及びテロ対策

図1　週ごとの治安事案の全般的趨勢
（2004年1月3日―2009年8月28日）

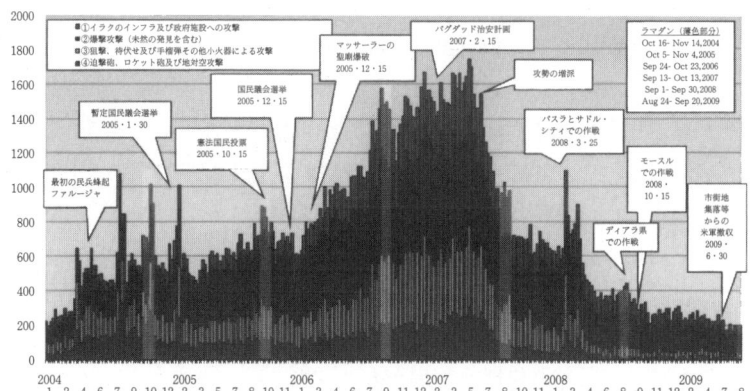

激化させ、右はバグダッド及びシーア派が主流を占めるイラク南部において顕著であった。

米国防省発表の週ごとの治安事案数は、イラクのインフラ及び政府施設への攻撃、爆弾攻撃（未然の発見を含む）、狙撃、待伏せ及び手榴弾その他小火器による攻撃並びに迫撃砲、ロケット砲及び地対空攻撃を合計した数字である（図1）。それによれば、週ごとの治安事案は、2004年1月の約200件から2005年秋には約700件に増加している。この間にも、ラマダン期、国民議会選挙時、憲法国民投票時には800件から1000件に一時的に急増している。

武装勢力による攻撃は、原油パイプライン、発電所や送電網等国民生活に不可欠なインフラに対しても行われ、経済復興の障害となった。

(2) 宗派間対立の激化

2006年2月、イラク中部のサーマッラーにあるシーア派のアスカリ聖廟が爆破された。これを契機に宗派間対立が一気に激化し、一般市民が広くテロの対象とされるようになった。勿論、米軍やイラク政府等に対する攻撃も継続・激化した。

週ごとの治安事案は、2006年2月から波はあるものの急速な増加傾向を示し、2007年6月にはイラク戦争後のピークである1700件超に達した（図1）。

シーア派の民兵やイラク治安部隊に属するシーア派の一部人員によるスンニ派住民への攻撃が行われ、殺害、誘拐が多発した。それがスンニ派によるシーア派住民に対する大規模な報復を引き起こし、更にその報復へとエスカレートした。

イラク民間人の死亡者は、2006年1月の月500人が3月には1000人と倍増し、その後も急増して2006年12月には3700人超のピークに達した（図2）。これは1日120人以上である。また、12月の宗派間対立による死者は全体の6割弱の2100人であった。

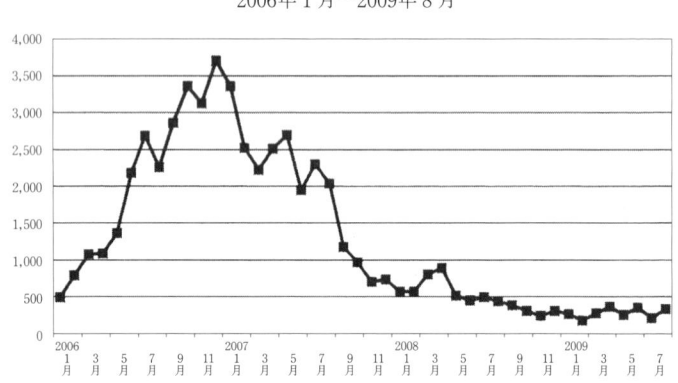

図2　民間人の死亡者
2006年1月—2009年8月

シーア派にとって聖なる儀式であるアーシューラーやアルバイーンの時期には、多くの信者が聖地に向けて行進する。そこを狙って爆弾や自爆等による攻撃が行われ、多くの死傷者が出た。また、その葬式の場に攻撃が仕掛けられ、集まった人々に更なる犠牲者を出すという事案が続々と発生した。自宅が襲撃され、拉致された多くの住民が後に死体で発見された。首を切り落とされた遺体や拷問の跡のある遺体が多く見られたという。

2007年8月14日には、イラク北部の少数派民族であるヤジーディ族（宗教でスンニ派と対立）の複数の村がアルカイダによる自動車爆弾攻撃を受け、400名もの死者を出した。これは1日の犠牲者数としては、戦後最大のテロである。

異なる宗派の人々が混在して住んでいる地区では、少数派は、常に威嚇されていたが、宗派間の対立が激化すると、多数派からの攻撃を恐れ、国内や外国のより安全な場所に逃れていった。イラクからの避難民は、国外に220万人、国内に200万人と言われた。その結果、バグダッド市内では、シーア派とスンニ派の住み分けがかなり進行したようである。このまま宗派間対立が更に激化すれば、イラクは内戦状態に陥ってしまうのではないかとさえ懸念された。

3 治安の改善

(1) 治安改善の要因

このような治安の極度の悪化を踏まえ、2007年1月、米国は米軍3万人の増派とバグダッドにおける治安維持の新作戦を決定した。2月に増派と新作戦が開始されたが、その後も治安は悪化の一途を辿った。週ごとの治安事案件数は6月に戦後の最高に達し、

また、4月から6月の3ヶ月間の米軍死亡者は320人から330人（非戦闘行為のカウントで統計に差あり）に上り、連続する3ヶ月で見ればいずれの時期より多かった。そのために、増派作戦の実効性にも疑問が呈され始めた。

しかし、夏以降、治安は劇的な改善に向かった。週ごとの治安事案は、6月の1700件超から10月には600件に急減した。その後も低下傾向は続き、後述する2008年3月から5月のイラク治安部隊による民兵組織の武装解除に際し一時的に急増したものの、2008年7月には200件と2004年初めの水準にまで下がった（図1）。

イラク民間人の死亡者は、2006年12月のピークから減少傾向に転じ、波はあるものの、2008年6月には500人と2004年1月の水準に低下した。その後も、時折見られるアルカイダの目立った攻撃による増加はあるも、200人から400人の水準を維持している（図2）。また、宗派間対立による死亡者も大幅に減少した。

治安改善の要因としては、米軍増派、イラク治安部隊の増強、米軍とイラク治安部隊の継続的プレゼンス維持による住民保護、部族長によるアルカイダへの抵抗、イラクの息子たち（覚醒評議会）の組織化、住民からの米軍、イラク治安部隊等への協力、マハディ軍の停戦・実質的解体、アルカイダ等の弱体化、宗派間での住民の住み分けの進展、等が挙げられる。

これらは、相互に関連しているが、大きく次の3つに取りまとめることができよう。第1は、米軍増派とイラク治安部隊増強という力による上からの動き、第2は、アルカイダを支援してきたスンニ派の部族長が米軍・多国籍軍やイラク治安部隊との協力に転じ、住民による情報提供等の協力も行われ始めたという下からの動き、そして第3が、シーア派民兵のマハディ軍の停戦とその後の解体である。

(2) 力による上からの動き

 3万人の米軍増派は2007年6月末に完了し、7月からフルに展開可能となった。また、2月から開始されたバグダッドにおける治安維持のための「法の執行」作戦も効果を挙げ始めた。この作戦は2007年1月に新たにイラク多国籍軍司令官に就任したペトレイアス将軍が進めたものであり、「clear、hold、build（掃討、保持、建設）」の方針を基本としている。それまでは米軍及びイラク治安部隊は、テロリストが発見されれば現場に向かい掃討するが、敵が逃げてしまうと引き上げていた。そのため、しばらくするとテロリストたちは戻ってきて米軍に協力した住民に報復し、再び活動拠点を確保する。住民は常に脅威にさらされ、テロリストへの協力を余儀なくされる。何度掃討してもこの繰り返しであった。

 新作戦の目的は、バグダッドの住民の安全の確保である。バグダッドを多くの地区に細分化し、各地区で米軍がイラク治安部隊と協力して一軒ごとにテロリストや武器を捜索・掃討していく。そして地区ごとに米軍とイラク治安部隊の統合駐在所を設け、兵士が常駐することにより、テロリストの帰還を防ぎ、住民の安全を確保する。その上で、電気、上水、下水等の生活サービスを築いていくのである。米軍とイラク治安部隊が住民の間に留まるために、住民との連絡・連携も進み、イラク治安部隊に対する住民の信頼も増した。この作戦の成功により、バグダッドの治安は格段に向上した。

 米軍は増派後16万人超の規模になった。また、この間にイラク治安部隊も早いペースで増強を進めた。イラク治安部隊は、内務省（警察）、国防省（陸海空軍）及び対テロ部隊から成る。2007年2月時点で多国籍軍による訓練を経たイラク治安部隊の人員は約33万人であったが、11月には約44万人と11万人が増員された。そ

の後も増強は続き、2008年8月には約53万人（訓練なしの者を含む全人員は62万人）となった。今後は、装備や訓練の面で能力向上を図ることが求められている。

国連安保理決議に基づくイラク駐留多国籍軍のマンデートは2009年末で終了し、2009年1月には、2008年秋に交渉が妥結したイラク・米間の戦略枠組み合意と米軍駐留に関する合意が発効した。なお、2008年秋から米軍部隊の一部撤収が開始されたが、2009年2月にオバマ米大統領は、2010年8月末までに米軍の戦闘任務を終了させ、2011年末までに全ての部隊を撤収すると発表した。2009年6月末には駐留米軍戦闘部隊のイラク都市部からの撤収が完了した。また、イラク18県中13県で治安権限が多国籍軍からイラク側に移譲されていたが、同年7月から全県でイラク側が権限を有することになった。

(3) 下からの動き

米軍増派とイラク治安部隊増強は着実に実施され、その作戦も効果を上げ始めたが、治安の改善は力だけではもたらされない。

スンニ派の武装勢力は、米軍・多国籍軍やイラク政府を攻撃していた。彼らはアルカイダとも協調しており、スンニ派の部族長もこの動きを支援していた。しかし、2006年夏頃からアンバール県でスンニ派が米軍・多国籍軍やイラク治安部隊に協力する動きが徐々に出始めた。

その背景には、アルカイダの極端な暴力路線に対するスンニ派部族長らの反発、その結果としてのアルカイダとの内紛、国民一般に広がってきた暴力に対する強い嫌悪感等がある。更に、2007年半ばより、米及び多国籍軍は、スンニ派地域の各県やバグダッドでスンニ派部族長や地元の有力者と協力し、要員1人当たり月

300米ドルを支払うことにより、覚醒評議会と呼ばれる自警団的組織を立ち上げるに至った。その多くはかつて米軍に抵抗した武装勢力であり、武器を持って自らの地域の警護に当たり、米・多国籍軍と協調してアルカイダに対抗することとなった。後に覚醒評議会は、「イラクの息子たち(Sons of Iraq)」と呼ばれるようになった。

その数は、2007年末には6万9千人であったが、2008年6月には10万3千人に達した。この動きはスンニ派地域から始まったが、シーア派にも広がり、スンニ派が8割、シーア派が2割を占めている。イラク政府は、2008年10月からまずバグダッド地区でイラクの息子たちの給与を負担し始め、2009年5月からは全体の管理と給与負担を引き受けている。

イラクの息子たちは、地元の事情や人脈に詳しく、テロリスト個人の特定や武器の隠し場所に関する情報をもたらした。また、イラクの息子たちの存在により、地域住民からも米軍・多国籍軍、イラク治安部隊に情報が寄せられるようになった。テロリストは、以前は住民の中に紛れ込んでしまえば見分けがつかなかった。しかし、住民からの情報提供がなされるようになると、隠れ場所が無くなってしまい、多くの者がイラク北部や国外に移っていった。武器の隠し場所の発見も急増した。これらの結果、バグダッドやアンバール県を含めイラクの治安は大幅な改善に向かった。

イラクの息子たちの役割は高く評価されているが、問題も孕んでいる。国防軍と警察以外に第3の治安組織を有することはできず、いずれは彼らを社会に取り込んでいかなければならない。イラク政府の目標は、2割をイラク治安部隊に編入し、残りの8割を他の省庁や民間の雇用につけることであり、イラク政府や米国がそのために多くの職業訓練プログラムを実施している。2010年

1月の報道では、7万8千人のイラクの息子たちが活動しているが、その内3万人が過去2カ月間にイラクの省庁に編入され、1万人がイラク治安部隊に編入されたと述べている。

イラクの息子たちの女性版である「イラクの娘たち（Daughters of Iraq）」も開始された。2008年に入り女性による自爆攻撃が急増したことから、検問所、病院等で女性の身体検査等に当たる任務を有し、2008年7月に最初の130人が課程を終えた。その75%はアルカイダにより殺害されたイラクの警察官の未亡人である。規模は2008年末で1000人に達した。

(4) シーア派マハディ軍による停戦

シーア派の民兵組織マハディ軍は、米軍・多国籍軍やイラク治安部隊等を攻撃してきたが、2007年8月、シーア派のサドル師はマハディ軍の6ヶ月間の停戦を命じた。これは、マハディ軍によると言われるムサンナー県知事暗殺等の過激な行動に対してイラク政府が厳しい姿勢を示したことから、停戦によりイメージ向上を図るとともに、マハディ軍の規律や組織を立て直すことが目的であったと考えられる。停戦は、2008年2月に更に6カ月間延長された。少数の特殊部隊や造反分子は、引き続き米軍・多国籍軍への攻撃を継続したが、主流部隊は停戦に従い、治安の改善につながった。

2008年3月、マーリキ首相はイラク治安部隊主導で、南部のバスラにおいて民兵その他の非合法武装勢力の武装解除に乗り出し、マハディ軍との間で武力衝突が激化したが、作戦は成功を収めた。バスラに次いでバグダッドでもイラク治安部隊の作戦が行われ、マハディ軍側は多くの死傷者を出した。更に政府は、北部のモースルや南部のミーサン県でも武装解除に乗り出した。

これらを受け、2008年6月、サドル師は、マハディ軍を社会的文化的団体に改組する旨を発表した。小規模の忠実な軍事組織は残ったが、主流派の大多数は平和的な組織への移行に従った。もっとも、一部の者は、イランからの各種支援を得て新たにより過激な部隊を作り、サドル師の影響から距離をおいたとも言われている。

4 バグダッドの内側から見た治安状況

ここで筆者がバグダッドに勤務した時期の治安状況を振り返ってみたい。既に悪かった治安が極度に悪化していった最初の数ヶ月と治安が大幅な改善に向かったそれ以降の時期との対比が何よりも印象的であった。

(1) バグダッド到着

2007年3月19日、クウェートから飛び立った航空自衛隊の輸送機C-130で、緊張の中バグダッド空港に着陸した。イラク戦争開戦4周年の前日である。空港から市内までの12kmの道路は、武装勢力の頻繁な攻撃の対象となり「死の道路」と呼ばれていたため、米軍ヘリ、ブラックホークで市内に入った。直前の2ヶ月間にイラク全土で10機もの多国籍軍のヘリが撃墜されており、7、8分間の飛行が非常に長く感じられた。

バグダッドでは、イラク政府中枢部や米英等の大使館は、チグリス川とコンクリートの壁に囲まれ、厳重に警護された国際地区(「グリーンゾーン」とも呼ぶ)に所在する。当時、日本大使館は、グリーンゾーン外のレッドゾーンと呼ばれる一般地区にあった。レッドゾーンといっても、日本大使館が直接の目標として攻撃さ

国際テロリズム入門　　　　　　　　　　　　　　　　　　　門司健次郎

マーリキ首相との懇談

イラク治安部隊の兵士と

れることはなかったので、そこにいる限りには大きな危険は感じなかった。しかし、じっとしていては仕事にならない。イラク政府閣僚や米英他の大使に会うためには国際地区に行かねばならないが、その移動が一大事であった。移動中は、路肩爆弾、自爆テロ、狙撃などのあらゆる攻撃の脅威にさらされる。筆者の着任前には、臨時代理大使の車が移動中に跳弾を受けるとの事案もあった。また、夜間の車の移動は制限されていたために、遅い時間の会合は欠席せざるをえなかった。そこで、筆者の着任後は、国際地区に小さな事務所を構え、原則としてそこに常駐し、大使館には定期的に通うこととした。

(2) 最初のテロ攻撃

着任後数日は予想に反し平穏であり、気が抜けかけた時に、テロの最初の「歓迎」を受けた。4日目の3月23日の午後、執務室で突然大音響と振動に見舞われた。窓ガラスが割れんばかりに揺れる。一瞬何が起こったか分からなかったが、すぐに爆発音だと気づいた。即座に警備担当が駆け込み、避難を指示する。すぐ部屋を出て、建物の一番奥まった場所に向かう。他の大使館員も集まっている。6畳ほどの空間で四方の壁のいずれもが直接外部に面していないため、外壁が直撃を受けても大丈夫だ。また、二階があるので、上からの攻撃にも耐え得る。

暫くすると、200mほど離れたリトルベニスと呼ばれるイラク政府の要人の居住する地区に煙が見えるとの報告が来た。また、テレビを見ていた館員からは、バグダッド訪問中のバン国連事務総長とマーリキ首相との記者会見の実況中継中に、至近距離で迫撃砲かロケット砲が着弾・爆発し、事務総長が驚いて身を屈めるところが放映されたと聞いた。この映像は、BBCやCNNで世界

中に繰り返し放映された。画面ではイラク政府関係者や記者団が全員慌てふためいている中、マーリキ首相だけが全く動ぜず、平然としていたのが印象的であった。

(3) 国際地区への攻撃

　全世界への放映がテロリストを元気付けたのか、この日を境に国際地区に対する攻撃は激しさを増した。堅固に防御された国際地区では、不審者の侵入は困難なため、路肩爆弾、自爆攻撃、狙撃等の心配はまずない。そこで、武装勢力は、迫撃砲、ロケット砲などの飛び道具で攻撃してくる。これらは、間接照準射撃と呼ばれており、着弾を目視して照準を調整すれば何発目かには必ず命中すると言われている。

　しかし、幸いにも命中率は決して高くない。米軍は、バグダッド空港上空にレーダー気球を上げており、発射探知と同時に米軍ヘリが発射地点に急行する。武装勢力は、最初に準備した砲弾を打ち終えると直ちに逃げるので、照準を調整することができないからである。武装勢力は確かな情報網を持っているらしく、外国要人の訪問時には常に、それも到着後直ちに空からの攻撃が降ってくる。また、砂嵐の日も要注意だ。米軍ヘリが飛ばないため、武装勢力は逃げる必要がなく連続攻撃が可能なのだ。もっとも、視界が悪いため命中率は上がらない。いずれにせよ、イラク政府中枢部と多国籍軍の大使館等の集中する国際地区は、どこに当たっても武装勢力の得点になるのであった。

　着任後5月末まで一時は連日のように攻撃を受け、1日に何回も避難を強いられたこともあった。事務所の至近距離への着弾も経験した。事務所近傍のスンニ派の副大統領の事務所やイラク計画省ビル、米、伊、豪などの大使館も攻撃対象であり、迫撃砲弾

5 イラクの治安状況及びテロ対策

の直撃を受け、死傷者を出していた。

攻撃は、シーア、スンニの両派から行われ、北東から飛来する砲弾はシーア派の反政府勢力の牙城サドルシティからのものであり、南や南西からの攻撃はアルカイダやスンニ派からのものだ。

攻撃時には国際地区内に「インカミング、インカミング」とのアナウンスが流れ、サイレンが鳴り響く。人々は窓際から離れ、より安全な場所に避難する。外出中は最寄のコンクリート製の防空ブロック（ダック・アンド・カバーと呼ばれる）に駆け込む。車で移動中で近くに防空ブロックがないときは、やむを得ず車を停め警報の解除を待つ。防弾車といえども、直撃にはひとたまりもない。警報解除までが長く感じられた。

国際地区に対する攻撃の被害を公表することは、敵に情報を与えることになるので稀であるが、2007年6月の国連イラク支援ミッションの報告書は、国際地区は3月に17回、4月に30回、5月は22日までに39回の間接照準射撃を受け、26人の死者が出た旨

追撃砲攻撃の直後、発射地点に急行する（向かう）米軍ヘリ

記載している。

2007年4月、テロリストの侵入を許さないはずの国際地区で自爆攻撃が起き、皆が震撼した。国民議会がテロの標的となり、議員1名が死亡したのである。犯人は、議員の警備員であり、議員と一緒に国際地区に出入りしていたために、爆発物のチェックを免れたとのことであった。

(4) 一般地区での攻撃

一般地区では、攻撃はより多様かつ頻繁だ。路肩爆弾、自動車爆弾、自爆攻撃、迫撃砲、ロケット砲、小型武器による狙撃、自宅襲撃、路上での殺害、誘拐、誘拐後の拷問や処刑等であり、チグリス川を挟んだ国際地区にいても、1日に何度も大きな爆発音が聞こえ、窓ガラスが震えた。連続攻撃がないことを確かめ、事務所の屋上に出ると、黒い煙が見える。しばらくしてネットで被害状況を知るのであった。

市場など人の集まるところが次々と標的となり、多くの被害者が出た。要人襲撃も多発した。国連事務総長を狙った攻撃と同じ着任4日目、スンニ派のゾーバイ副首相が自宅のモスクで自分の警備員による自爆攻撃を受け、兄弟を含む9人が死亡、本人は重傷を負った。2007年10月には、日本大使館から数百メートルの場所でポーランド大使の車が路肩爆弾攻撃と武装勢力の襲撃を受け、警備員1名が死亡、大使が重傷を負うという事件も起きた。更に、内務省、高等教育省、計画省、保健省等多くの省庁や、発電所、橋梁などのインフラが攻撃を受けた。

2007年7月のバンコクにおける東アジアサッカー大会ではイラクが優勝した。準決勝に勝って決勝進出を決めた夜、全国でそしてバグダッドでも多くの人々が街中に繰り出し、久しぶりの明る

いニュースを祝った。そこを2件の自爆テロが襲い、58人が死亡した。自爆テロ犯の殆どは外国人であると言われていたが、この夜、筆者はそれは事実であろうと確信した。翌日のイラク優勝後には、テロ直後にもかかわらず、更に多くの人々が車で町を行進し、喜びを表明したのであった。

一般地区内の日本大使館に滞在すると、昼夜を問わず爆発音や銃声が頻繁に聞こえ、1日の攻撃の多さがよく分かる。大使館の関係者やその家族、知人も被害にあった。あるイラク人からは、「今日は家に帰って来られるかねぇ。」と家族に言いつつ仕事に出かけるのだと聞いた。

(5) 治安の改善

2007年夏以降の治安の改善傾向に伴い、バグダッドでも攻撃事案は減少した。国際地区に対する迫撃砲、ロケット砲等の攻撃も稀になり、それ以前の3、4ヶ月間とは様変わりであった。

しかし、頻度は落ちたが爆弾や自爆攻撃は継続し、治安は依然として脆弱な状態にあった。例えば、2008年春のイラク治安部隊によるマハディ軍の武装解除作戦時には、国際地区に対する間接照準射撃は1ヶ月間に700発近くに達し、100発以上が着弾した。

治安の大幅改善が達成された2008年夏以降、2009年を通じて、治安状況は横ばい又は改善を示した。しかし、アルカイダは、引き続き目立った大規模攻撃を行う能力を有しており、2009年に入っても8月、10月、12月にバグダッドで政府機関を目標に爆弾攻撃を行い、それぞれ100人から150人もの死者を出した。

2008年7月の筆者の離任時には、イラクの治安は最悪期に比べ85%の改善を見たと言われたが、それは、暴力による民間人の死亡者が、かつての毎日100人以上から15人程度にまで減じたと

いうことを意味するに過ぎないのである。

5　包括的なテロ対策

　テロへの対策は、治安分野における対応のみでは不十分であり、政治、経済、社会、対外関係といった広いコンテクストの中で捉える必要がある。

(1)　治　　安
　治安改善をもたらした要因の項で、力による上からの動き、下からの動き、民兵たるマハディ軍の解体等に触れたが、これらは治安分野におけるテロ対策そのものと言える。
　ここでは、最近の状況として、法の支配及び刑事司法について補足する。
　法の支配の確立は治安維持にも重要であるが、イラクでは裁判官への攻撃が続き、その安全確保が急務であった。2008年末から司法安全計画の策定が開始され、内務省は、司法保護ユニットを設立した。最終的には2000名の警察官をこのユニットに移し、約1200名のイラクの裁判官の安全を確保することとされている。また、イラク政府は、多国籍軍の支援の下、拘置所の状況の改善、裁判手続の迅速化等に努めている。

(2)　政　　治
　治安改善の定着には国民和解の推進が不可欠である。このことは、国民議会選挙、憲法国民投票、国民議会での各派の対立顕在化等の政治的に重要な機会に治安事案数が急増したことからも明らかである。
　米軍増派の目的の1つにも、治安改善により政治プロセス進展

のために息をつく暇を与えることが掲げられていたが、政治プロセスは、2007年末までは停滞したままであった。

マーリキ政権は当初より挙国一致内閣を目指したが、2007年には各派が政権を離脱、閣僚の4割が空席となり、国民議会での審議も進まなかった。新憲法の下で有利な状況を確保した多数派のシーア派とクルド人の側に、スンニ派に実質的譲歩を行う用意が見られなかったのが原因である。2008年には政治プロセスはある程度の進展を見た。2007年末から2008年にかけて、恩赦法、非バアス化見直し法、地方自治法、2008年予算が成立した。また、地方選挙は予定より遅れたが、2009年1月に一部の県を除き実施された。

しかし、憲法修正、石油・ガス法等の重要法案やキルクーク帰属問題等、国民和解に影響を及ぼす重要な問題が残されており、その進展が重要である。そのためには、政治や社会におけるスンニ派の取込みが鍵であり、また、最近対立が目立つクルド・シーア間の関係改善も重要である。

2010年3月7日に第2回目国民議会総選挙が実施されたが、それに先立ち、元バアス党員の立候補制限の動き及び選挙を阻害するためのテロの続発という2つの懸念が生じた。前者については、最終的に一部の者の立候補が制限されたが、前回総選挙をボイコットしたスンニ派の政党も選挙に参加した。また、テロ事案が増加し、アルカイダは、選挙に参加する者を殺害する旨の声明を出した。選挙当日は、38人がテロの犠牲になったが、それにも拘らず多くの国民が投票に出向き、選挙は全体としては平穏に実施された。なお、投票率は前回をやや下回る62.6%であった。

イラクを構成する3つの宗派・民族の間の不信感は根強いが、宗派・民族の利害に固執することなくイラク全体の国益を追求す

る政治が求められている。選挙結果の確定及び組閣には時間を要するであろうが、総選挙の成功が一層の国民和解に繋がることを期待したい。

(3) 経　　済

治安改善を背景にした生活向上に対する国民の期待に応えるとともに、国家の一体性を確保する観点からも、電力、水、医療等の基本サービスの提供と雇用の創出は極めて重要である。

経済面では、2006年と2007年は、原油生産（250万 BPD）と輸出（200万 BPD）は微増であったが、原油価格高騰により歳入は大幅に増加し、マクロ経済的には回復基調が継続した。しかし、2008年は原油価格下落により厳しい財政状況となった。2009年中央からは原油生産増と原油価格が反転し始め、また、外国企業を対象に石油開発の入札が開始された。治安改善も踏まえ、外国の投資を誘致しやすい環境を作っていく必要がある。

基本サービスの提供は、施設老朽化、技術者の国外流失、インフラへの攻撃、治安悪化等により2008年までは全く不十分であったが、徐々に改善しつつある。しかし、地域によりばらつきがあり、例えば2009年8月の1日の通電時間は、バグダッドでは13時間（2007年6月は5時間、2008年6月は10時間）であったが、エルビル県では23時間に達した。

また、政治家を始め広くはびこっている腐敗についてもより強い対応が必要である。

(4) 対外関係

イラクは、トルコ、イラン、シリア、サウジ・アラビアを始めとする湾岸諸国等周辺諸国との間で種々の問題を抱えており、対外関係は治安情勢にも大きな影響を及ぼす。イラクは、イラク安

定化に関する拡大周辺国会合や要人訪問等を通じこれら諸国との関係の改善・強化に努めてきた。イラクが引き続き周辺諸国との関係改善を図るとともに、国際社会がイラクの復興努力を支援していくことが重要である。

トルコとの間では、PKK問題（イラクに滞在するトルコのテロ組織であるクルディスタン労働者党（PKK）に対するトルコからの越境攻撃等）が争点であったが、それが大きな地域問題にならないように努め一定の成果を挙げた。首脳間の相互訪問やイラク・トルコ・米三者協議等を通じ、政治、外交、経済、治安面での協力も進展している。

周辺アラブ諸国は、スンニ派が主流であり、シーア派のマーリキ首相に不信感を有していたが、関係拡大の動きが見られる。2008年にはヨルダン、バーレーン、アラブ首長国連邦、クウェートなどの湾岸諸国が駐イラク大使を任命し、周辺諸国の首脳による訪問も行われた。また、2009年にはレバノン、エジプトが大使を指名した。サウジアラビア、カタール及びオマーンもイラクに大使館を再開する意向を表明し、指名された大使が開館準備でバグダッドを訪問している。

イランは、イラク内のシーア派武装勢力に人員、資金、武器、訓練等を提供して支援してきたと言われているが、それに止まらず、イラクにおける政治的、経済的、文化的な影響を維持強化しようとしている。イラク側はイランに武装勢力支援や内政介入に対する強い懸念を表明するとともに、治安安定化への協力要請を行ってきた。イランは協力を約しているが、右が実際に行動で示されているかは明らかではない。2008年のマハディ軍掃討作戦において押収された武器の中にはイランが協力を約した後の2008年製造のイラン製武器があった由である。

シリアからは、多くのテロリストがイラクに越境入国してきた。これに対し、イラクは、厳格な国境管理を要請し、テロリストの流入にはある程度の減少が見られたものの、引き続き継続している由である。また、イラクは、2009年8月のバグダッドでの爆弾テロに関してシリアが支援する組織の関与を指摘し、両国は互いに大使を召喚するに至った。

6 結　び

日本は、イラクに対し、自衛隊派遣による人道復興支援、35億ドルの円借款による各種の大型インフラ整備支援、17億ドルの無償資金援助による多種多様な支援、人材育成のための各種訓練等の技術協力等を行い、一貫してイラクの復興を支援してきた。

無償資金援助による白バイ供与引き渡し式でバグダッド警察の責任者と

治安維持関連では、警察用パトカー1150両、警察用バス150両、白バイ1080台、防弾車20両等の供与、警察訓練プログラム、国境管理当局支援、退役軍人や民兵等の職業訓練による社会復帰支援、警察鑑識研修等の支援を行ってきた。また、治安改善に不可欠な国民和解の進展に向け、日本に要人や関係者を招待して、憲法制定支援セミナーやイラク国民融和セミナーを開催した。更に、イラク・米間の地位協定締結支援として、イラク、米、国連の要請により、日本においてイラク側交渉チームに日米地位協定に関する経験等を伝えた。これらの支援はイラク政府及び国民から高く評価され、感謝されている。

日本の駐イラク大使として何よりも嬉しかったのは、イラクの人々が日本に対し大変な親近感を抱き、強い信頼と期待を寄せてくれることであった。日本の支援への感謝もあるが、イラクの人々は、自国を自らの手で再建するに当たり、第2次世界大戦後の壊滅的打撃から短期間で奇跡的な復興を遂げた日本を自分たちのモデルにしたいと考えているのだ。

バグダッド到着後、治安は悪化の一途を辿り、将来への展望は見えず、国家崩壊の可能性さえ取りざたされた。しかし、2007年夏以降治安は劇的な改善に転じ、今日（2010年初め）では、脆弱性を残しつつも、かなりの安定を示すに至った。今後、政治プロセスの進展により国民和解を追求し、経済復興により国民生活を向上させ、治安改善が逆戻りしないような社会を築いていくことがイラクに求められている。筆者は、それは十分可能と信じており、日本を始め国際社会が引き続きイラクの復興を支援していくことが重要であると考える。

6 テロリズムの法的規制と日本

芹 田 健 太 郎

1 はじめに
2 テロの定義と分類
3 テロ規制の手法
4 国家テロ
5 日本におけるテロ規制
6 人権尊重、平和主義、国際協調主義に基づく民主社会の実現と維持——結びに代えて——
(1) 公共の安全の維持と人権保障との相剋
(2) 有事法の問題点
  (ｱ) 武力攻撃事態法
  (ｲ) 国民保護法

1 はじめに

1914年6月28日現ボスニア・ヘルツェゴビナのサラエボで、銃の引き金が引かれた。オーストリア＝ハンガリー帝国皇位継承者フランツ・フェルディナンド公夫妻が、民族主義者のセルビア人青年によって暗殺された。これが第1次大戦の引き金であった。今日のいわゆるテロ問題の引き金は、9.11に引かれた。

テロに関連して昨今話題に上る国々は、イラクであり、アフガニスタンであり、海賊に関連してソマリアである。そして、インド、パキスタン、さらにパレスチナ、イスラエルなどがある。

テロに関して論じるとき、すべてに暴力が関わっているので、各種の暴力事件を明確に分けて観る必要がある。そうしなければ、

国際テロリズム入門　　　　　　　　　　　　　　　　　芹田健太郎

国際協力を議論するときに混乱してしまう。

　歴史的に見て、イラクやアフガニスタンが文化的な伝統のある、古くからの国家であることは自明のことである。イラクは、世界の四大文明の一つ、チグリス＝ユーフラテス川流域に栄えた文明の地であり、アフガニスタンは、シルクロードを通じた東西交易でギリシャ文化の影響も見られるし、バーミヤン遺跡に見られる仏教やヒンズー教等の影響も見られる古代から栄えたところである。しかし、「テロリズム」との関連で言えば、「テロリズム」という概念が18世紀ヨーロッパに発すること、つまり近代国家と結びついていることからすれば、イラクやアフガニスタンなどの国がいわゆる途上国であることもまた紛れもない事実であり、これらの国が近代国家に生まれ変わりつつあるか、近代国家として統治能力を確保しようとする過程で、中央統治権力の空白部分にテロが発生していると捉えることができる。また、アジア・アフリカで多くの国が植民地から独立したが、近代国家として成り立つことが出来ず、社会が脆弱なままであるか、破綻した。こうした、いわゆる破綻国家や社会基盤の脆弱な国家でテロが生まれ、あるいは、これらの国家がテロリストを生み出す要因を抱え、「テロリスト」の根拠地となっている。

　これらの国々に対する協力は、これらの国々では国家社会の建設が先ず必要とされており、いわゆる治安の維持・回復を中心に武力で対応するだけでは足りず、多様な協力が必要とされていることを、先ず知るべきである。たとえば、日本のアフガニスタンに対する協力は、武力ではなく、平和構築にかかわるDDR（Disarmament, Demobilization and Rehabilitation 武装解除、動員解除及び社会復帰）のほか、国づくりのためインフラ整備やBHN（Basic Human Needs、基盤的な人間の必要）分野でめざましいものがあり、

こうした協力は、テロ対策を治安対策あるいは治安の維持・回復のための協力という観点で捉える場合には、評価しにくいかもしれない。しかし、人々の生活に直結する国際貢献としては十分に高く評価できるものである。

日本は、幸いにも、歴史的にいずれの国の植民地にもならず、またいずれの国の勢力下にも入らなかった。そのため、そうした桎梏からの解放という苦しみを味わっていない。しかし、日本でも、19世紀の幕末期に、佐幕・倒幕、攘夷・開国の対立のなかで吹き荒れた「テロ」や、明治政府が樹立された後も、明治維新から西南戦争までに頻発した武士の「テロ」と反乱は、日本の封建国家から近代国家への移行期に生まれたものであって、近代国家揺籃期の「テロ」と捉えることができるであろう。

2 テロの定義と分類

テロとは何か。テロリズム（terrorism）は、人々の生命や財産に回復不可能なほどの大きな損害を与え、社会に恐怖（テラー terror）を引き起こし、一般に人々を恐怖に陥れることによって、人々が同意せざるを得ない状態に追い込み、求める目的を達成しようとする。恐怖を引き起こすこと自体を目的とすることもある。恐怖政治といわれる状態は典型的なものであり、ヨーロッパとくにフランス革命時の恐怖政治が語られるのは、その意味である。

テロとの関連で、特に次の点には注意しておきたい。

(1) テロの実行犯は暴力を用いるが、たとえば、秋葉原無差別殺人事件のような事件はテロと言わないのはなぜか、どのように違うのか、との問いに対しては、次のように答えるしかない。同事件は個人による1回限りのものであり、模倣犯は現今の社会状

国際テロリズム入門　　　　　　　　　　　　　　芹田健太郎

況から考えて全く起きないとは言い得ないが、連続して意図的に類似事件が引き起こされるものではないという点で、テロとは異なる。

(2)　無政府主義者（アナーキスト）の引き起こすテロは、政治共同体そのものの否定であり、すべての国家・政府にとって許し難い存在となる。

(3)　狂信徒による他の宗教・宗派に対する襲撃や暴力は、後述のオウム真理教の場合のように社会に対して向けられていない限り、宗教のもつ不寛容の問題である。もっとも、イラク等で見られるように、宗教対立に名を借りたあるいはこれに乗じたテロの場合は、宗教の不寛容とは区別すべきである。

それでは、テロはどのように分類されるのか。

テロと日本というとき、私どもがどのような社会を創りたいのか、あるいはどのような社会を維持したいのか、という議論抜きには語れない。テロの規制は、私どもが望む社会の維持・実現のために行うものであるからである。しかし、その前に、理解を深めるために、テロについての私なりの整理をしておきたい。整理のために次のような基準を考えてみた。

(1)　テロの主体は国家か非国家団体や個人か、
(2)　国内のものに限るか国外のものも含めるか、
(3)　武力闘争時に限るか、いわゆる平時に限るか、それとも双方か、
(4)　テロ行為は人の生命財産に向けられた行為のみか、
(5)　テロリスト集団とは何か、民族独立集団との相違は何か、
(6)　テロ撲滅のための国際協力とは何か、などである。

ここではテロの目的については触れていない。多数の人の殺傷

や重要施設等の破壊について、たとえば自衛隊法は、自衛隊の施設等の警護出動を定めた第82条の2第1項で「政治上その他の主義主張に基づき、国家若しくは他人にこれを強要し、又は社会に不安若しくは恐怖を与える目的で多数の人を殺傷し、又は重要な施設その他の物を破壊する行為が行われるおそれがあり、かつ、その被害を防止するために特別の必要があると認める場合には、当該施設及び区域の警護のため部隊等の出動を命ずることができる」と定める。

ところで、これまでの記述では、テロ、テロリストという表現を何らの説明もなく使用してきたが、一方のレジスタンスは他方のテロになることを指摘しておきたい。たとえば、第2次大戦中のフランスやオランダのレジスタンスの行動は、ドイツにとっては許し難いテロであった。しかし、第2次大戦でフランスなど連合国が勝利し、ドイツが破れた結果、レジスタンスは英雄となった。また、多かれ少なかれ、フランスからのアルジェリア独立を目指したアルジェにおける爆破事件等、映画にもなったアルジェの闘い、あるいはオランダとのインドネシア独立闘争、フランスとのインドシナ戦争、分離独立後のアメリカとのベトナム戦争のような植民地独立闘争も、植民地本国政府やこれに支えられた植民地政府側からすれば、テロであったが、他方からは常に正統性を主張された（なお、第2次大戦の経験を踏まえて1949年のジュネーヴ諸条約が生まれ、植民地独立戦争の経験を踏まえて、ジュネーヴ諸条約に対する1977年の追加議定書が作成された）。こうした例からも分かるように、ここでは価値が問われている。

それでは、現在のイラクやアフガニスタン等で起きている事態はどのように考えればよいのであろうか。もちろん、絶対的暴力

国際テロリズム入門　　　　　　　　　　　　　　　　芹田健太郎

否定論者からすれば、どちらも否定されることになる。しかし、人間が社会を創って生活しており、その社会の維持が必要であるとき、社会維持装置が働く。先の自衛隊法の警護出動がそうである。ここで注意しなければならないのは、しかしながら、前述の自衛隊法の「政治上その他の主義主張に基づき、国家若しくは他人にこれを強要し、又は社会に不安若しくは恐怖を与える目的」が、日本国憲法の定める価値と相容れない価値の表明となっているかどうかである。「社会に不安若しくは恐怖を与える」のは、明らかに、私どもが維持したい社会の価値を否定する。その意味では、テロとなる。

3　テロ規制の手法

　ユダヤ人虐殺は、最大の国家テロである。こうしたことを二度と起こさないため、また第2次大戦後にドイツ（当時西ドイツ）をヨーロッパ国際社会に復帰させるため、ヨーロッパ人権条約が創られた。この条約は、多くの規定を身体の自由の保障のために割き、また、同条約が条約上保護する人権を毀損する目的で同条約上の権利を援用することを禁じる規定を置いた。これからも分かるように、この条約は、第2次大戦前にあるいは第2次大戦中にユダヤ人迫害など、極悪非道の人権侵害を行ったドイツを第2次大戦後のヨーロッパに復帰させるための条件を提示したものであった。このため、ドイツはヨーロッパ人権条約加盟国の優等生であり、ドイツではファシスト団体やナチスの復活は禁じられ、ユダヤ人迫害はなかったという言説は犯罪である。

　同じく極端な人権侵害を行った日本では、とくに言論・表現・集会・結社の自由が徹底的に保障されたが、これは、治安維持法

等による言論弾圧が戦前・戦中に行われた経緯を反省してのことである。たとえば、日本では表現の自由は徹底して保障され、南京事件＊はなかったという言説も、それが他の人に何らかの損害を与えない限り、それ自体としては保障される。ドイツ型の民主主義を、かつて宮沢俊義は「闘う民主主義」と呼んだ。ナチズムやファシズムの復活を絶対に許さないよう法制度的な枠を創り上げ、不断にこれと闘っているからである。形式的には、ヨーロッパ人権条約も、国際人権規約も、このドイツ型に属する（権利乱用の禁止を規定するヨーロッパ人権条約第17条と国際人権規約の社会規約および自由権規約第5条1項は、同じ文である）。

＊**南京事件**というのは、1937年12月、日本軍が国民政府の首都南京を攻略・占領し、その際多数の中国人の非戦闘員や捕虜を殺害し、日本軍による虐殺が30万人に上るという説、事件はなかったという説、少なくとも4千人から数万人の死者が数えられるという各説が日本にはあり、中国側と大きな見解の相違があった。2010年1月31日に発表された日中歴史共同研究報告書では、日本側は「日本軍による捕虜、敗残兵、便衣兵、及び一部の市民に対して集団的、個別的な惨殺事件が発生し、強姦、略奪や放火も頻発した。日本軍による虐殺の犠牲者数は、極東国際軍事裁判における判決では20万人以上（松井司令官に対する判決では10万人以上）、1947年の南京戦犯裁判軍事法廷では30万人以上とされ、中国の見解は後者の判決に依拠している。一方、日本側の研究では20万人を上限として、4万人、2万人など様々な推計がなされている」とした（〈近現代史〉　第2部　第2章　日中戦争―日本軍の侵略と中国の抗戦、7頁。外務省ホームページ参照）。

日本における裁判例として、南京事件の否定派の中で、生き証人とされる女性を「偽証人」と著した著者および出版社を相手取り名誉毀損で訴えた事件で、裁判所は名誉毀損を認め、原告李秀英さんに150万円の支払いを命じた。松村俊夫『南京虐殺の大疑問』（展転社）、最判平17年1月20日、なお、夏事件、東京高判平19年11月2日参照。

国際テロリズム入門　　　　　　　　　　　　　　　　芹田健太郎

　日本は、前述のように、ドイツ的な法政策を採らず、徹底した表現の自由のほか各種の人権保障を行っている。しかし、日本には破壊活動防止法（以下、破防法）があり、場合によっては団体に解散命令が出されることがある。この法律に対しては、公法学者の間では、日本国憲法の保障する結社の自由と抵触するものとして批判が強い。多くの公法学者は批判的であったし、政党としては社会党などがそうであった。この状況を変えたのが、地下鉄サリン事件である。

　1995年3月の地下鉄サリン事件の後、12月には、政権に就いていた社会党の当時の村山総理が、破防法の適用、つまり破防法の解散命令申し立ての方針を表明し、これにより公安調査庁は破防法の手続きを開始し、翌年7月にはオウム真理教の解散指定処分請求を公安審査委員会に行った。しかし、97年1月、これは、「オウム真理教の将来の危険性を認めることは困難である」と判断され、認められなかった。もっとも、拠点施設のある地域住民や関係自治体からの要望の下に、99年12月には「無差別大量殺人を行った団体の規制に関する法律」が成立し、公安調査庁長官が公安審査委員会に対して教団をいわゆる観察処分に付す請求を行い、これが認められ、3年ごとに観察期間が更新されている。

　なお、オウム真理教に対する宗教法人としての解散は、宗教法人法第81条第1項1号および2号前段の所定の解散理由に基づき、95年12月19日の東京高裁の決定によって確定している（東京高裁、平7ラ1331、宗教法人解散命令に対する抗告事件、高裁判例集第48巻3号258頁）。

4 国家テロ

 テロの主体が国家の場合、国家テロという。リビアによる1986年の西ベルリンのディスコ（米兵のたまり場）爆破事件（2001年にドイツ当局はリビア諜報員が実行犯と断定）や1988年12月のイギリス・ロッカビー上空におけるパンナム機爆破（1992年に国際司法裁判所に訴えが提起された。ICJ Rep.1998）など、あるいは北朝鮮による1983年の当時の全韓国大統領の暗殺未遂や1987年のラングーン沖での大韓航空機爆破事件などがある。

 ディスコ事件とパンナム事件および米国によるリビア報復爆撃による死者については、米国とリビアとの間で2008年に相互に遺族に補償することで合意した。これらは、結局、両国の外交関係が良好になることによって解決した。

 日本では、日本赤軍やオウム真理教という団体と並んで、北朝鮮という国家による活動もテロの脅威の大きいものとして挙げられている。政府の答弁からは、日本には仮想敵国はないと言われている。しかし、2003年の「武力攻撃事態等における我が国の平和と独立並びに国及び国民の安全の確保に関する法律」いわゆる武力攻撃事態法は、「武力攻撃の手段に準じる手段を用いて多数の人を殺傷する行為が発生した事態又は当該行為が発生する明白な危険が切迫していると認められるに至った事態で、国家が緊急に対処することが必要なもの」を「緊急対処事態」（同法25条）としており、2004年の「武力攻撃事態等における国民の保護のための措置に関する法律」いわゆる国民保護法と合わせ読むと、外国の武装部隊、具体的には、不審船事件*等から推察されるように、

国際テロリズム入門　　　　　　　　　　　　　　　　　　芹田健太郎

北朝鮮の武装工作員が上陸して人質を取ったり、武器を持って立て籠もったりした場合も想定している。

　＊不審船事件　1999年3月能登半島沖で見つかった不審船を追跡し、威嚇射撃をするも、振り切られる。2001年12月九州南西海域で不審船を発見し、停船目的で船体射撃を実施したところ、反撃してきた挙げ句、自沈し、乗組員は全員死亡した。

こうした立法等は、いずれも、2001年9月11日のアメリカにおける同時多発テロ事件をきっかけにしたものである。その最初のものは、「平成13年9月11日のアメリカ合衆国において発生したテロリストによる攻撃に対応して行われる国際連合憲章の目的達成のための諸外国の活動に対して我が国が実施する措置及び関連する国連決議等に基づく人道的措置に関する特別措置法」いわゆるテロ対策特別措置法であった。

いわゆる9.11のテロ行為は、国家によるものではなく、アメリカによれば、オサマ・ビン・ラディンを首謀者とする私的団体によるものであり、明らかに、戦争つまり国家間戦争である国際戦争とは異なる。戦争の場合には、国際法は民間人の保護や軍事目標主義、捕虜の保護などの規則を置いているが、ブッシュ大統領はこれを「新しい戦争」と捉え、戦争法を無視した。この「新しい戦争」というとらえ方は、戦争の惨禍を少しでも少なくするために人類が営々と築いてきた武力衝突に際して守るべく法体系を定めた国際法からは、あまりにもはずれたものであった。

しかし、なぜ国際法は戦争を国家間の武力衝突に限定してきたのだろうか。

歴史的には、先ず、私的武力集団が存在し、武力衝突はこうした集団間および私的集団と公権力間のものであったが、公権力、

国家による武力の掌握の過程、つまり国家統一の過程で、私的集団の武力が禁止され（たとえば、秀吉による天下統一と刀狩りを思い描こう）、戦争は国家間のものに限定されてきた。国家が武力を一手に握ることの代償は、国家が国民に安全を保障することであり、安全を保障されている限り国民は武力を手にする必要が無く、政治共同体にそれを任せることができた。したがって、武力の掌握は徹底し、大規模であればある程、安全が保障され、国民の蒙る被害が小さくなるので、武力衝突つまり戦争を国家間に限るのは、国民の被害を最小にするための方策でもあった。

イタリア生まれのオックスフォード大学ローマ法教授のジェンチリ（Alberico Gentili, 1552-1617）は、戦争の正当性の要件として戦争当事者が主権者つまり君主であることを要求し、戦争の国家間構造を強調した。

国際法の創始者たちは、中世の神学者の正戦論と異なり、新大陸発見後のビトリア（Francisco Vitoria、1480-1546）、スアレス（Francisco Suarez、1548-1617）、そして、30年戦争（1618-1648）を経験したグロチウス（Hugo Grotius、1583-1645）、ズーチ（Richard Zouche、1590-1660）等、ジェンチリがそうであったように、一様に、国際法上の権利の維持・防衛のための戦争というかたちで正戦論を展開した。1648年の30年戦争の講和条約であるウエストファリア（Westpharia）条約が現在のような主権国家から構成される国際社会の誕生を確認するものと考えられ、この時期から古典国際法が始まった。なお、それに対して19世紀のアメリカ南北戦争は、内乱であった。

こうして国際法は正規軍同士の闘いを想定し、戦闘に参加しない文民や戦闘から外れた傷者、病者、捕虜を保護し、文化遺産や病院・学校を軍事目標からはずしてきたのである。しかし、兵器

が発達し、戦争が総力戦化する中で第2次大戦が戦われ、その悲惨さを踏まえての、更なる努力が、1949年ジュネーヴ諸条約や1977年追加議定書その他多くの軍縮条約となってきたのである。

しかし、9.11の事件は、かつて経験したことのない事態であった。行為主体は私人であるが、被害は甚大であった。更に明らかになったことは、国家にも匹敵する武装集団が世界中から資金を調達し、軍事訓練を行い、国境を越えて存在することであった。現行のテロ論議は、最初はアメリカ主導であったものの、国連におけるテロ対策が、9.11後の安保理における諸決議によって設立された安保理の補助機関であるアルカイダ・タリバン制裁委員会、反テロリズム委員会（CTC）、大量破壊兵器の非国家行為主体（non-State actor）への移転等を監視する1540委員会の3機関に示されるように、テロあるいはテロリストといえばイスラム過激派によるものと思われる素地を創り上げてしまったことであろう。少なくともそのことを否定できない。そして、意図的か、あるいは9.11の衝撃の強さからか、テロリストの暴力への対処と民族主義者による武装蜂起への対処との区別をどのようにするか、という難しい問題に目をつぶらせてしまうことになった。これは由々しいことである。イラクやアフガニスタンにおける現状は、まさにそうであることを示しているのではないだろうか。

5　日本におけるテロ規制

日本では、とくに70年代に東京丸の内の三菱重工東京本社ビルの爆破など連続的に企業爆破事件が発生し、また、ハイジャック事件が頻発した。これらのテロへの対処は、周知の通り、刑事裁判で行われた。もっとも、ハイジャック事件でいわゆる超法規的

措置が採られ、その限りで多くの問題を生じたことも事実である。

　日本赤軍のように海外で事件を起こした場合、日本に当該者が戻ってくれば日本の刑罰権が及ぶし、犯罪人引き渡しを求めることもできる。外国人の場合、テロ防止に関する国際協力が問題になる。いずれにしろ、テロへの対処法としては、基本的には、テロ行為の容疑者を刑事裁判にかけることである。

　日本は、外務省によると、テロ防止関連の条約が13あり、これらすべての条約の当事国になっている。これら条約の枠組みは、先ず、条約の対象とする行為を国内法によって犯罪とすることであり、次に、これを自国で訴追するか引き渡すか、を定める。

　13の条約は次のものである。

(1) 1963年航空機内の犯罪防止条約（東京条約）、

(2) 1970年航空機不法奪取防止条約（ヘーグ条約）、

(3) 1971年民間航空不法行為防止条約（モントリオール条約）、

(4) 1973年国家代表等犯罪防止条約、

(5) 1979年人質行為防止条約、

(6) 1980年核物質防護条約、

(7) 1971年モントリオール条約を補足する1988年空港不法行為防止議定書、

(8) 1988年海洋航行不法行為防止条約、

(9) 1988年大陸棚プラットフォーム不法行為防止条約、

(10) 1991年プラスチック爆弾探知条約、

(11) 1997年爆弾テロ防止条約、

(12) 1999年テロ資金供与防止条約（前記条約のうち(1)(10)を除く条約において犯罪行為とされているおよび他のテロ目的の殺傷行為に使用されることを意図し、または知りながら資金の供与、収集を犯罪とし、犯人の処罰、引き渡し等を定めた）、

⒀ 2005年核テロリズム防止条約。

　爆弾テロ、テロ資金供与、核テロ防止の諸条約は、いずれも、国際社会の今日的問題意識を明瞭に示すものである。

6　人権尊重、平和主義、国際協調主義に基づく民主社会の実現と維持——結びに代えて——

　さて、われわれは日本をどういう社会にしたいのか、あるいはどういう社会として維持したいのか。これについて最後に述べることによって、私の責めを果たすこととしたい。

　これを論じる場合は、第2次大戦後に、現在の憲法の下で、日本および日本人が営々として築き上げてきた平和国家、人権の保障された自由な民主社会を抜きには語れない。

　テロへの対処、とくに、9.11以後のそれは、アメリカの対処法に振り回された感を拭えない。それは、とりもなおさず、アメリカ民主主義の、いわば押しつけである。民主主義にもいろいろある。多様性こそがその特色である。9.11以後アメリカ社会が急速に窮屈になったのは、アメリカという国家およびアメリカ国民を守ることのみに専念し、しかも武力に頼った結果である。

⑴　公共の安全の維持と人権保障との相剋

　日本のテロ対策としては、平和憲法と整合性の取れる諸措置を採るしかない。とくに、戦前における言論弾圧の反省から生まれた自由権の保障を侵害することがあってはならない。この点では、国際人権規約が非常時における国家による一定の人権の制約を認めつつも、絶対的に制約できない人権として生命権や思想・良心・宗教の自由等を掲げ、さらに、採った措置を国際社会に報告させ、

国際社会の監視下においていること(自由権規約4条)との整合性を意識しなければならない。

　＊**自由権規約第4条**は、政府の公定訳によれば、次のように定める。

　1、国民の生存を脅かす公の緊急事態の場合においてその緊急事態の存在が公式に宣言されているときは、この規約の締約国は、事態の緊急性が真に必要とする限度において、この規約に基づく義務に違反する(derogate 義務を一時停止する、筆者)措置をとることができる。ただし、その措置は、当該締約国が国際法に基づき負う他の義務に抵触してはならず、また、人種、皮膚の色、性、言語、宗教又は社会的出身のみを理由とする差別を含んではならない。

　2、1の規定は、第6条(生命に対する権利)、第7条(拷問・残虐な刑の禁止)、第8条1及び2(奴隷および隷属状態に置くことの禁止)、第11条(契約不履行による拘禁の禁止)、第15条(遡及処罰の禁止)、第16条(人としての承認)並びに第18条(思想・良心・宗教の自由)の規定に違反することを許すものではない(第2項の指示する条文の小見出しは筆者が挿入した)。

　3、義務に違反する措置をとる権利を行使するこの規約の締約国は、違反した規定及び違反するに至った理由を国際連合事務総長を通じてこの規約の他の締約国に直ちに通知する。更に、違反(derogation 一時的効力停止、筆者)が終了する日に、同事務総長を通じてその旨通知する。

この観点から、若干の国内法を見ておこう。なお、ここで、先ず注意を喚起しておきたいのは、日本国憲法の定める平和主義のほか、国際協調主義と人権尊重主義であり、日本の社会がもつ復元力である。

国際テロリズム入門　　芹田健太郎

テロに遭遇すると、社会は「物理的力」を用いる。そして、その力が行き過ぎないように、社会は、前もって、法によって限界を定める。

日本は、個人の権利と自由を保護し、公共の安全を維持するために、民主的理念を基礎とする警察を設け、その任務について、警察法第2条で次のように定めている。

① 警察は、個人の生命、身体及び財産の保護に任じ、犯罪の予防、鎮圧及び捜査、被疑者の逮捕、交通の取締その他公共の安全と秩序の維持に当たることをもってその責務とする。

② 警察の活動は、厳格に前項の責務の範囲に限られるべきものであって、その責務の遂行に当たっては、不偏不党且つ公平中正を旨とし、いやしくも日本国憲法の保障する個人の権利及び自由の干渉にわたる等その権限を濫用することがあってはならない。

そして、武器の使用について、警察官職務執行法第7条で、次のように定め厳格に守られている。

「犯人の逮捕若しくは逃走の防止、自己若しくは他人に対する防護又は公務執行に対する抵抗の抑止のため必要であると認める相当な理由のある場合においては、その事態に応じ合理的に必要と判断される限度において、武器を使用することができる。但し、刑法第36条（正当防衛）若しくは同法第37条（緊急避難）に該当する場合又は左の各号に該当する場合を除いては、人に危害を与えてはならない。

1　死刑又は無期若しくは長期3年以上の懲役若しくは禁固にあたる凶悪な罪を現に犯し、若しくは既に犯したと疑うに足りる十分な理由のある者がその者に対する警察官の職務執行に対して抵抗し、若しくは逃亡しようとするとき又は第三者がその者を逃

がそうととして警察官に抵抗するとき、これを防ぎ、又は逮捕するために他に手段がないと警察官において信じるに足りる相当な理由のある場合、

　2　逮捕状により逮捕する際又は勾引状若しくは拘留状を執行する際その本人がその者に対する警察官の職務執行に対して抵抗し、若しくは逃亡しようとするとき又は第三者がその者を逃がそうととして警察官に抵抗するとき、これを防ぎ、又は逮捕するために他に手段がないと警察官において信じるに足りる相当な理由のある場合」

ところで、これらの規定は国際人権条約との比較でどのように評価できるであろうか。ヨーロッパ人権条約は第2条第1項ですべての人に生命権を保障し、同時に第2項で、生命の剥奪ができる場合を次のように定めている。

「(a) 不法な暴力から人を守るため、
 (b) 合法的な逮捕を行い、または合法的に抑留した者の逃亡を防ぐため、
 (c) 暴動または反乱を鎮圧するために合法的に取った行為」のために

「絶対的に必要な、力の行使の結果であるときは、本条に違反して行われたものとみなされない」と規定する。まさに警察官職務執行法はこれらの規定と符合している。また、自由権規約は第6条第1項でヨーロッパ人権条約第2条第1項と類似の規定を置き、第2項類似の規定は置いていないが、自由権規約委員会の事例では、ヨーロッパと同じ慣行が取られている。

(2)　有事法の問題点
(ア)　武力攻撃事態法

国際テロリズム入門　　　　　　　　　　　　　　　芹田健太郎

　さて、先に触れた2003年の武力攻撃事態法第25条は、「緊急対処事態」を定めている。この法律は、一般的に、第3条第4項で、次のように定める。
　「武力攻撃事態等への対処においては、日本国憲法の保障する国民の自由と権利が尊重されなければならず、これに制限が加えられる場合にあっても、その制限は当該武力攻撃事態等に対処するため必要最小限のものに限られ、かつ、公正かつ適正な手続の下に行われなければならない。この場合において、日本国憲法第14条、第18条、第19条、第21条その他の基本的人権に関する規定は、最大限に尊重されなければならない。」

　ところで、確かに、日本も当事国である自由権規約第4条で「国民の生存を脅かす公の緊急事態において」「事態の緊急性が真に必要と認める限度で」条約規定を一時的に停止することのできる国家の derogation（効力停止）の権利を認めている。しかし、武力攻撃事態法は、次の2点で、自由権規約第4条の他の規定との整合性がとれていない。
　第1に、日本が武力攻撃の排除に当たって講じた措置については、武力攻撃事態法第18条によって国連安全保障理事会に報告しなければならない旨国の報告義務を定めてはいるものの、人権制約に関しては、自由権規約第4条3項に基づく報告義務は定めていない。
　第2に、より重要なことは、日本国憲法第14条（法の下の平等）、第18条（奴隷的拘束・苦役からに自由）、第19条（思想・良心の自由）、第21条（集会結社・表現の自由）その他の基本的人権規定に関して、武力攻撃事態法はこれらの規程の「最大限尊重」を定めている。しかし、自由権規約は第4条2項でいかなる場合でも人権規定の

停止が行えない場合として、第6条（生命権）、第7条（拷問・残虐刑の禁止）、第8条1項・2項（奴隷・隷属状態に置くことの禁止）、第11条（いわゆる債務奴隷の禁止）、15条（遡及処罰の禁止）、16条（法の前に人として認められる権利）、18条（思想・良心・宗教の自由）を掲げており、しかも、思想・良心の自由については自由権規約は絶対的保障を定めている。したがって、その限りで、武力攻撃事態法は自由権規約の規定と齟齬している。

(イ) 国民保護法

国民保護法もまた、第5条で、一般的に、「国民の保護のための措置を実施するに当たっては、日本国憲法の保障する国民の自由と権利が尊重されなければならない。

2 前項に規定する国民の保護のための措置を実施する場合において、国民の自由と権利に制限が加えられるときであっても、その制限は当該国民の保護のための措置を実施するため必要最小限のものに限られ、かつ、公正かつ適正な手続の下に行われるものとし、いやしくも国民を差別的に取り扱い、並びに思想及び良心の自由並びに表現の自由を侵すものであってはならない。」として基本的人権尊重を謳い、さらに、第174条において、「緊急対処保護措置を実施するに当たっては、日本国憲法の保障する国民の自由と権利が尊重されなければならない。

2 前項に規定する緊急対処保護措置を実施する場合において、国民の自由と権利に制限が加えられるときであっても、その制限は当該緊急対処保護措置を実施するため必要最小限のものに限られ、かつ、公正かつ適正な手続の下に行われるものとし、いやしくも国民を差別的に取り扱い、並びに思想及び良心の自由並びに表現の自由を侵すものであってはならない。」と定めている。

しかし、国民保護法第5条も第174条も、いずれも、人権に制限が加えられることを前提としており、仔細に検討すれば、やはり、自由権規約との整合性が問題となる。

　いわゆる有事法に関するこれらの指摘は、われわれの社会にとって、思想・良心の自由や表現の自由がいかに大切なものであるか、国際社会がいかにこれを重要視しているか、ということを示すためである。

　たとえテロ鎮圧のためとはいえ、社会に復元力が無くなるほどまでに自由が抑圧されると、社会そのものが窒息死してしまう。こうした事態は避けなければならない。

　このことは、日本がテロ対策の国際協力を行う場合にも、当てはまる。住民の自治と自由は最大限に保障されるべきである。結局、こうした立場が、翻って、日本の市民社会を強化し、成熟させ、一人ひとりの日本人を強くするのである。

　　追記
　　本稿は2009年2月8日に横浜のシンポジウムで発表された原稿に加筆補正したものである。

参 考 文 献

1 国際社会におけるテロリズムの現状その対応（益田哲夫）

テロリズムの全般を体系的に知るための参考資料としては、
- 『国際テロリズム101問』安部川元伸、立花書房
- 『国際テロリズム要覧』2009年版、公安調査庁がある。
- 『テロ対策入門』宮坂直史（責任編集）、亜紀書房
- 国立国会図書館、外国の立法 No.226、No.228、主要国における緊急事態への対処など
- Country Reports on Terrorism（国際テロに関する国別報告書）、財団法人公共政策調査会
- The Jamestown Foundation, Terrorism Monitor,：http://www.jamesetown.org
- ASIS International, SECURITY MANAGEMENT, September 2007
- THE CRISIS OF ISIAM Holy War and Unholy Terror, Bernard Lewis（日本語版『聖戦と聖ならざるテロリズム』中山元 訳、紀伊國屋書店）
- 外務省ホームページ、各国、地域情勢トピック、プレスリリース
- The WhiteHouse, U.S. Department of State Arms Control & Security：Counterterrorism, Homeland Security, 在日米国大使館各ホームページ

このほか、BBC, CNN, The New York Times, REUTERS, The Washington Post などの外国報道機関の報道や現地レポート等も参考にした。

2 国際社会におけるテロリズムの法的規制（初川　満）

- 初川満『緊急事態と人権』信山社、2007年
- 初川満「国際社会とテロ規制措置」初川編『テロリズムの法的規制』信山社、2009年

- R. P. Barnidge, "Non-State Actors and Terrorism", 2008
- W. Benedek & A Yotopoulos-Marangopoulos eds. "Anti-Terrorist Measures and Human Rights", 2006
- A. Bianchi & A. Keller eds. "Counterterrorism: Democracy's Challenge", 2008
- R. Higgins & M. Flory eds. "Terrorism and International Law", 1997
- B. Saul, "Defining Terrorism in International Laws", 2006
- C. Walter, S. Vöneky, V. Röben, F. Schorkopf eds. "Terrorism as a Challenge for National and International Laws: Security versus Liberty?", 2004

3 テロリズムと武力紛争法（真山　全）

- 新井京「テロリズムと武力紛争法」国際法外交雑誌第101巻3号、2002年、pp.123-145.
- 古谷修一「国際テロリズムと武力紛争法の射程―9・11テロ事件が提起する問題」、村瀬信也・真山全編『武力紛争の国際法』東信堂、2004年、pp.165-187.
- 森川幸一「『対テロ戦争』への国際人道法の適用―『テロリスト』の取扱いをめぐる米国での議論と日本の捕虜法制を中心に」ジュリスト第1299号、2005年、pp.73-83.
- Helen Duffy, *The 'War on Terror' and the Framework of International Law*, Cambridge University Press, 2005, 488pp.
- Karen J. Greenberg and Joshua L. Dratel, eds., *The Enemy Combatant Papers: American Justice, the Courts, and the War on Terror*, Cambridge University Press, 2008, 1008pp.
- Wybo P. Heere, ed., *Terrorism and the Military, International Legal Implications*, T.M.C.Asser Press, 2003, 226pp.
- David Kretzmer, "Targeted Killing of Suspected Terrorists: Extra-Judicial Executions or Legitimate Means of Defense?" *European Journal of International Law*, Vol.16, No.2, 2005, pp.171-212.
- Nils Melzer, *Targeted Killing in International Law*, Oxford University Press, 2008, 468pp.

・Marko Milanovic, "Lessons for Human Rights and International Humanitarian Law in the War on Terror: Comparing Hamdan and the Israeli Targeted Killing Case," *International Review of the Red Cross*, No.866, 2007, pp.373-393.

4 英国におけるテロリズムの法的規制（初川　満）

・初川満『緊急事態と人権』信山社、2007年
・「英国テロ規制法分析」初川編『テロリズムの法的規制』信山社、2009年
・S. H. Bailey, D. H. Harris, D. D. Ormerod, "Civil Liberties"(5th ed.), 2001
・A. Baldaccini & E. Guild eds. "Terrorism and the Foreigner", 2007
・J. Beckman, "Comparative Legal Approaches to Homeland Security and Anti-terrorism", 2007
・H. Fenwick, "Civil Liberties and Human Rights" (4th ed.), 2007
・C. Walker, "The Anti-Terrorism Legislation", 2002
・P. Wallington & R. G. Lee, "Statutes on Public Laws and Human Rights 2006-2007" (16th ed.), 2006
・C. Walter, S. Vöneky, V Röben, F. Schorkopf, "Terrorism as a Challenge for National and International Laws: Security versus Liberty?", 2009

5 イラクの治安状況及びテロ対策（門司健次郎）

　治安情勢を含め戦後イラクの復興に係る事実関係については、(1)から(4)までの資料が詳しい。また、AFPや現地の報道等も参考とした。
(1) "THE IRAQ STUDY GROUP REPORT" Vintage Books 2006年12月
(2) "Measuring Stability and Security in Iraq" 米国防省の議会への報告、2005年7月より四半期毎に提出。最終版は2009年9月版（発行は同年11月）

(3) "Report of the Secretary-General to the Security Council pursuant to paragraph 6 of resolution 1830(2008)"国連事務総長が安保理に四半期毎に提出する国連イラク支援ミッションの報告書
(4) "IRAQ INDEX Tracking Reconstruction and Security in post-Saddam Iraq" Brookings Institution http://brookings.edu/iraqindex
    イラク戦争及び戦後のイラク事情に関しては膨大な量の文献があるが、治安や内政状況については、次の2つが詳しい。
(5) Patrick Copburn『イラク占領―戦争と抵抗』緑風出版、2007年
(6) Alli Allawi, "THE OCCUPATION OF IRAQ WINNING THE WAR, LOSING THE PEACE" Yale University Press, 2007
    イラク建国から湾岸戦争、その後の制裁、イラク戦争と戦後について概観できるのが、酒井啓子氏の次の3著書。特に(9)は、食を通してイラク戦争後のイラク社会を扱っており、筆者がイラクに滞在した時期の治安、内政状況、人々の生活がよく描かれている。
(7) 酒井啓子『イラクとアメリカ』岩波新書、2002年
(8) 酒井啓子『イラク 戦争と占領』岩波新書、2004年
(9) 酒井啓子『イラクは食べる 革命と日常の風景』岩波新書、2008年

索　引

BHN ················· 154
DDR ················· 154
Derogation（権利の停止を参照）
IED ·······························10
IRA ················· 95, 99, 116
NATO ······················ 7, 14
NATO連合軍 ················ 6
PKK問題 ················ 149
1939年　暴力防止（暫定規定）法
　················· 95, 99
1971年　出入国法 ··········· 119
1973年　北アイルランド（緊急規定）法 ················ 96, 98
1974年　テロ行為防止（暫定規定）法 ········· 96, 99, 115, 117
1984年　テロ行為防止（暫定規定）法 ··············· 96, 100
1989年　テロ行為防止（暫定規定）法 ··········· 108, 115, 117
1996年　北アイルランド（緊急規定）法 ················ 115
1998年　北アイルランド（緊急規定）法 ············ 101, 109
1998年　人権法 ············· 101
2000年　テロ行為法 ··· 27, 63, 97,
　　　　　　　　98, 100, 110, 116
2001年　愛国者法 ············25
2001年　対テロ行為、犯罪及び治安法
　················· 27, 97, 103, 112, 118, 120, 121
2005年　テロ行為防止法
　················· 97, 106, 121
2006年　テロ行為法 ··· 55, 97, 108

あ　行

愛国者法 ·······················63
アーシュラー ··············· 132
アフガニスタン情勢 ··········· 7
アブドルムタラブ容疑者 31, 32, 35
アラビア半島のアルカイダ（AQAP） ······················31
アルシャバブ ··················21
アルスター統一党 ·············95
アル・ホースィ派 ·············17
安保理決議1368 ········ 24, 29, 54
安保理決議1373 ·········· 24, 53,
　　　　　　　　54, 63, 65, 103
イスラム原理主義 ············· 4
一覧表化された犯罪 ········· 109
イラク・イスラム最高評議会 127
イラクの息子たち ······· 134, 137
イラクの娘たち ············· 138
ウエストファリア条約 ······· 163
オウム真理教 ················ 160
奥大使 ······················· 130

か 行

外国人テロ容疑者............... 119
外国人犯罪人引渡し............... 64
覚醒評議会.................. 134,137
核によるテロリズムの行為の防
　止に関する国際条約...... 50,53
管理命令....................... 106
貴族院上訴委員会......... 105,121
旧ユーゴスラヴィア国際刑事裁
　判所タジチ事件判決..74,78,87
クイリン事件米連邦最高裁判所
　判決.......................... 89
クルド自治政府................. 128
グロチウス..................... 163
警察官職務執行法............... 168
警察法第2条.................... 168
権利の停止（Derogation）
　............106,114,121,167,170
航空機内で行われた犯罪その他
　ある種の行為に関する条約...48
航空機の不法な奪取の防止に関
　する条約...................... 48
国際司法裁判所ニカラグア事件
　判決........................... 74
国際治安支援部隊（ISAF）...... 9
国際的に保護される者に対する
　犯罪の防止及び処罰に関する
　条約........................... 49
国際的武力紛争............ 76,86
国際連盟........................ 45
国民保護法第5条............... 171
国民保護法第174条............. 171
国連憲章第2条4項........ 71,74
国連憲章7章（平和に対する脅
　威、平和の破壊及び侵略行為に
　関する行為）.................. 54
第51条.......................... 74
国連憲章第103条（憲章義務の優
　先）............................ 54

さ 行

サイバーテロ..................... 59
サドル師................... 126,138
裁くか引渡すか.................. 61
ザルダリ政権.................... 14
自衛隊法....................... 157
ジェノサイド条約................ 65
ジェマ・イスラミア.............. 22
ジェンチリ..................... 163
社会権規約..................... 159
自由権規約............... 115,120,
　　　　　　　　159,166,169,170
ジュネーヴ諸条約........... 78,157
ジュネーヴ諸条約共通第3条
　......... 74,78,80,82,85,89,90
ジュネーヴ諸条約第一追加議定
　書......................... 77,79
ジュネーヴ諸条約第二追加議定
　書.................... 79,80,83,88
第1条1項...................... 75
第3条.......................... 78

植民地独立運動……………………40
スワート渓谷………………… 13,14
政治犯罪人不引渡しのルール…65
聖　戦………………………………4
正戦論……………………………163
双方可罰主義……………………65

た 行

タリバン……………………4,6,9
治安維持法………………………158
地下鉄サリン事件………………160
血まみれの日曜日事件…………96
デ・メロ国連事務総長特別代表
　………………………………130
テロ行為防止条約………………108
テロ資金供与防止条約 53,58,118
テロ対策特別措置法… 28,36,162
テロの未然防止に関する行動計
　画………………………………30
テロリストによる爆弾使用の防
　止に関する国際条約（いわゆ
　る爆弾テロ防止条約）…… 49,53
テロリズムに対する資金供与の
　防止に関する国際条約（いわ
　ゆるテロ資金供与防止条約）…49
テロリズム防止及び処罰条約
　………………………………45,56
特定主義……………………………65
特定通常兵器使用禁止制限条約
　………………………………87,88

な 行

南京事件…………………………159
ニカラグア事件……………………78
日本国憲法………………………170
ネオ・タリバン……………………10

は 行

バアス党…………………………127
破壊活動防止法…………………160
バドル軍…………………………126
バーミンガムパブ爆破事件
　………………………………96,99
ハムダン事件判決……… 83,85,90
潘国連事務総長…………………141
パンナム機爆破…………………161
引渡すか裁くか……………………52
非国際的武力紛争
　………………… 77,80,85,86,91
ヒズブル・イスラム………………21
人質をとる行為に関する国際条
　約………………………………49
非バアス化見直し法……… 147
ファルージャ……………………130
不審船事件………………………162
武力攻撃事態等における国民の
　保護のための措置に関する法
　律（いわゆる国民保護法）… 161
武力攻撃事態等における我が国
　の平和と独立並びに国及び国
　民の安全の確保に関する法律

（いわゆる武力攻撃事態法）… 161
　第18条……………………… 170
　第25条……………………… 169
平和への過程………………… 101
ペシュメルガ………………… 128
法益の剥奪…………………… 115
包括的テロ行為規制条約… 53,60
法の執行作戦………………… 135

民間航空の安全に対する不法な
　行為の防止に関する条約……48
民族解放運動……………… 40,46

や 行

ユス・アド・ベルーム… 70,72,76
ユス・イン・ベロ………… 71,73
ヨーロッパ人権条約…… 104,106,
　　　　　　　115,120,158,169
ヨーロッパテロ行為規制条約…60
ヨーロッパテロリズム防止条約
　………………………………65

ま 行

マハディ軍…………… 126,134,
　　　　　　　　138,139,145,149
麻　薬…………………………… 9
マーリキ首相……… 138,141,149
マーリキ政権……………………16
南ワジリスタン…………………13

ら 行

レジスタンス………………… 157
ロイド委員会………………… 111

〈著者紹介〉Ⓒ (掲載順) *編者

益田　哲夫　日本I-SISコンサルティング社長、元公安調査庁
初川　満*　横浜市立大学教授
真山　全　大阪大学大学院国際公共政策研究科教授
門司健次郎　外務省広報文化交流部長 元駐イラク大使
芹田健太郎　愛知学院大学法科大学院長
　　　　　　神戸大学名誉教授

〈学術選書3〉

国際テロリズム入門

2010年(平成22年)7月20日　第1版第1刷発行
3283-01011；p200-b200,500

編者　初川　満
発行者　今井　貴
発行所　株式会社　信山社
〒113-0033　東京都文京区本郷6-2-9-102
電話　03 (3818) 1019
FAX　03 (3818) 0344

出版契約 No.3283-01010　Printed in Japan

Ⓒ 2010, 印刷・製本／東洋印刷・渋谷文泉閣
ISBN978-4-7972-3283-7 C3332 ￥2000E
11-01 分類 329.501-b001
禁コピー　信山社　2010

JCOPY 〈(社)出版者著作権管理機構 委託出版物〉

本書の無断複写は著作権法上での例外を除き禁じられています。複写される場合は、そのつど事前に、(社)出版者著作権管理機構(電話03-3513-6969, FAX 03-3513-6979, e-mail: info@jcopy.or.jp)の許諾を得てください。

「現代選書」刊行にあたって

　物量に溢れる、豊かな時代を謳歌する私たちは、変革の時代にあって、自らの姿を客観的に捉えているだろうか。歴史上、私たちはどのような時代に生まれ、「現代」をいかに生きているのか、なぜ私たちは生きるのか。

　「尽く書を信ずれば書なきに如かず」という言葉があります。有史以来の偉大な発明の一つであろうインターネットを主軸に、急激に進むグローバル化の渦中で、溢れる情報の中に単なる形骸以上の価値を見出すため、皮肉なことに、私たちにはこれまでになく高い個々人の思考力・判断力が必要とされているのではないでしょうか。と同時に、他者や集団それぞれに、多様な価値を認め、共に歩んでいく姿勢が求められているのではないでしょうか。

　自然科学、人文科学、社会科学など、それぞれが多様な、それぞれの言説を持つ世界で、その総体をとらえようとすれば、情報の発する側、受け取る側に個人的、集団的な要素が媒介せざるを得ないのは自然なことでしょう。ただ、大切なことは、新しい問題に拙速に結論を出すのではなく、広い視野、高い視点と深い思考力や判断力を持って考えることではないでしょうか。

　本「現代選書」は、日本のみならず、世界のよりよい将来を探り寄せ、次世代の繁栄を支えていくための礎石となりたいと思います。複雑で混沌とした時代に、確かな学問的設計図を描く一助として、分野や世代の固陋にとらわれない、共通の知識の土壌を提供することを目的としています。読者の皆様が、共通の土壌の上で、深い考察をなし、高い教養を育み、確固たる価値を見い出されることを真に願っています。

　伝統と革新の両極が一つに止揚される瞬間、そして、それを追い求める営為。それこそが、「現代」に生きる人間性に由来する価値であり、本選書の意義でもあると考えています。

　　2008年12月5日　　　　　　　　　　　　　　信山社編集部

ブリッジブック国際人権法

四六判・並製・288頁　本体2,500円（税別）
ISBN978-4-7972-2327-9

芹田健太郎・薬師寺公夫・坂元茂樹　著

国際人権法の最高水準テキスト

基本知識の習得に役立つよう工夫された法学部生に加え、他学部生まで想定したテキスト。国際人権法の規範内容や国際人権法を特徴づける国際実施や国内実施についての概要から応用までをカバー。高度な内容も分かり易い切り口で明快に記述され、2色刷で幅広い学生のニーズに応える画期的テキスト。巻末に、「基本問題」「発展問題」を掲載し、ゼミナールや試験などにも利便の書。

ブリッジブック国際法 [第2版]

四六判・並製・308頁　本体2,500円（税別）
ISBN978-4-7972-2325-5

編者　植木俊哉
尾崎久仁子・河野真理子・坂本一也・山本良　著

定評の国際法入門書の最新版

初学者をスムーズに国際法の世界に導く、配慮と工夫に富んだ入門書の第2版。初学者に必要な項目を選択・整理、読後の更なる学習への道筋を示す。国際社会でのさまざまな問題や事件、現象などが、国際法によってどのようにとらえられ、規律されているかを、可能な限り具体的に提示。最新情報を付加した、好評書の改訂版。

編集代表　芹田健太郎
編集委員　森川俊孝・黒神直純・林 美香・李 禎之

コンパクト学習条約集

四六正・並箱・584頁　本体 1,450 円（税別）　ISBN978-4-7972-5911-7 C0532

薄くて持ち易く、内容も工夫された最新条約集

日常の溢れんばかりのニュースの背景にある国際社会の枠組みをより深く知り、調べることができる最新の条約集。国際協力を軸にした、新しい目次立て・体系により、現代の国際社会に対応するとともに、各章ごとの解説、理解を深めるための「ミニ解説」、重要な話題に関する「コラム」、WEB活用の案内などで、一歩すすんで条文の理解を助ける最新型条約集。

重要情報を1冊に凝縮!!

◆目　次◆
I　国　家
　国の権利義務条約
　植民地独立付与宣言
　友好関係原則宣言
　不戦条約
　日米安保条約
　在日米軍地位協定
　国連裁判権免除条約
　国連海洋法条約
　国連公海漁業実施協定　等
II　人権保障
　世界人権宣言
　日本国憲法
　自由権規約
　自由権規約選択議定書
　自由権規約・死刑廃止条約
　社会権規約
　社会権規約選択議定書
　人種差別撤廃条約
　子どもの権利条約　等
III　国際機構
　国連憲章
　平和のための結集決議
　UNHCR規程
　国連開発計画（UNDP）設立決議
　国連環境計画（UNEP）設立決議
　平和構築委員会設立決議
　人権理事会設立決議
　国連要員等安全条約　等
IV　国際協力
　北大西洋条約
　核拡散防止条約
　IAEA憲章
　生物兵器禁止条約
　化学兵器禁止条約
　特定通常兵器禁止条約
　国連人道緊急援助の調整の強化
　人間環境宣言
　京都議定書
　生物多様性条約　等
V　国際裁判
　国際司法裁判所規程
　強制管轄受諾に関する日本国の宣言
　国際海洋法裁判所規程
　紛争解決手続了解
　投資紛争解決条約
VI　武力衝突
　開戦条約
　降戦の法規慣例に関する条約
　1949年ジュネーヴ諸条約の第1追加議定書
　1949年ジュネーヴ諸条約の第2追加議定書
　国連部隊による国際人道法の遵守
VII　平和友好関係の再構築
　カイロ宣言
　ヤルタ秘密協定
　ポツダム宣言
　降伏文書
　対日平和条約
　日ソ共同宣言
　日中共同声明
　日中平和友好条約
　日韓基本関係条約　等

柳原正治・森川幸一・兼原敦子 編
〈執筆者〉江藤淳一・児矢野マリ・申 惠丰・高田 映・深町朋子・間宮 勇・宮野洋一

プラクティス国際法講義

A5変・上製 464頁 本体3,800円(税別) ISBN978-4-7972-2406-1 C3332

必要充分な知識定着型テキスト決定版

国際法の学習に不可欠の歴史的背景や国際的原則の形成過程を丹念に解説し、現行制度の基礎的・体系的な理解を定着させる、法学部・法科大学院むけテキストの決定版！各章末にある10の〈確認質問〉により重要ポイントを的確に指摘し、2度塗り効果で知識の定着を図る。必要にして充分な情報で学習を確実に進めることができる。法科大学院入試、司法試験の必読テキスト。

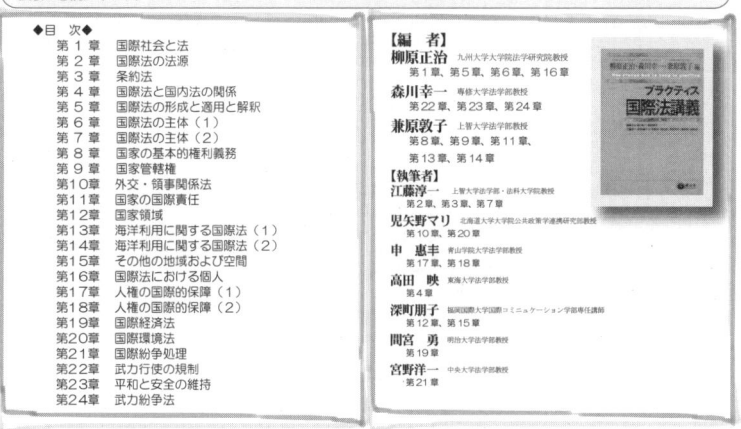

◆目 次◆
- 第1章 国際社会と法
- 第2章 国際法の法源
- 第3章 条約法
- 第4章 国際法と国内法の関係
- 第5章 国際法の形成と適用と解釈
- 第6章 国際法の主体（1）
- 第7章 国際法の主体（2）
- 第8章 国家の基本的権利義務
- 第9章 国家管轄権
- 第10章 外交・領事関係法
- 第11章 国家の国際責任
- 第12章 国家領域
- 第13章 海洋利用に関する国際法（1）
- 第14章 海洋利用に関する国際法（2）
- 第15章 その他の地域および空間
- 第16章 国際法における個人
- 第17章 人権の国際的保障（1）
- 第18章 人権の国際的保障（2）
- 第19章 国際経済法
- 第20章 国際環境法
- 第21章 国際紛争処理
- 第22章 武力行使の規制
- 第23章 平和と安全の維持
- 第24章 武力紛争法

【編者】
柳原正治 九州大学大学院法学研究院教授
　第1章、第5章、第6章、第16章
森川幸一 専修大学法学部教授
　第22章、第23章、第24章
兼原敦子 上智大学法学部教授
　第8章、第9章、第11章、
　第13章、第14章

【執筆者】
江藤淳一 上智大学法学部・法科大学院教授
　第2章、第3章、第7章
児矢野マリ 北海道大学大学院公共政策学連携研究部教授
　第10章、第20章
申 惠丰 青山学院大学法学部教授
　第17章、第18章
高田 映 東海大学法学部教授
　第4章
深町朋子 福岡国際大学国際コミュニケーション学部専任講師
　第12章、第15章
間宮 勇 明治大学法学部教授
　第19章
宮野洋一 中央大学法学部教授
　第21章

◇学術選書◇

1	太田勝造	民事紛争解決手続論(第2刷新装版) 6,800円
2	池田辰夫	債権者代位訴訟の構造(第2刷新装版) 続刊
3	棟居快行	人権論の新構成(第2刷新装版) 8,800円
4	山口浩一郎	労災補償の諸問題(増補版) 8,800円
5	和田仁孝	民事紛争交渉過程論(第2刷新装版) 続刊
6	戸根住夫	訴訟と非訟の交錯 7,600円
7	神橋一彦	行政訴訟と権利論(第2刷新装版) 8,800円
8	赤坂正浩	立憲国家と憲法変遷 12,800円
9	山内敏弘	立憲平和主義と有事法の展開 8,800円
10	井上典之	平等権の保障 続刊
11	岡本詔治	隣地通行権の理論と裁判(第2刷新装版) 9,800円
12	野村美明	アメリカ裁判管轄権の構造 続刊
13	松尾 弘	所有権譲渡法の理論 続刊
14	小畑 郁	ヨーロッパ人権条約の構想と展開〈仮題〉 続刊
15	岩田 太	陪審と死刑 10,000円
16	石黒一憲	国際倒産 vs. 国際課税 12,000円
17	中東正文	企業結合法制の理論 8,800円
18	山田 洋	ドイツ環境行政法と欧州(第2刷新装版) 5,800円
19	深川裕佳	相殺の担保的機能 8,800円
20	徳田和幸	複雑訴訟の基礎理論 11,000円
21	貝瀬幸雄	普遍比較法学の復権 5,800円
22	田村精一	国際私法及び親族法 9,800円
23	鳥谷部茂	非典型担保の法理 8,800円
24	並木 茂	要件事実論概説 契約法 9,800円
25	並木 茂	要件事実論概説Ⅱ 時効・物権法・債権法総論他 9,600円
26	新田秀樹	国民健康保険の保険者 6,800円
28	戸部真澄	不確実性の法的制御 8,800円
29	広瀬善男	外交的保護と国家責任の国際法 12,000円
30	申 惠丰	人権条約の現代的展開 5,000円

信山社

価格は税別

◇学術選書◇

31 野澤正充　民法学と消費者法学の軌跡　6,800円
32 半田吉信　ドイツ新債務法と民法改正　8,800円
33 潮見佳男　債務不履行の救済法理　近刊
34 椎橋隆幸　刑事訴訟法の理論的展開　続刊
36 甲斐素直　人権論の間隙　10,000円
37 安藤仁介　国際人権法の構造Ⅰ〈仮題〉　続刊
38 安藤仁介　国際人権法の構造Ⅱ〈仮題〉　続刊
39 岡本詔治　通行権裁判の現代的仮題　8,800円
40 王　冷然　適合性原則と私法秩序　7,500円
41 吉村徳重　民事判決効の理論（上）　8,800円
2010 高瀬弘文　戦後日本の経済外交　8,800円
2011 高　一　北朝鮮外交と東北アジア：1970-1973　7,800円

◇総合叢書◇

1 甲斐克則・田口守一 編　企業活動と刑事規制の国際動向　11,400円
2 栗城壽夫・戸波江二・古野豊秋 編　憲法裁判の国際的発展Ⅱ　続刊
3 浦田一郎・只野雅人 編　議会の役割と憲法原理　7,800円
4 兼子仁・阿部泰隆 編　自治体の出訴権と住基ネット　6,800円
5 民法改正研究会（編）（代表 加藤雅信）　民法改正と世界の民法典　12,000円
6 本澤巳代子・ベルント・フォン・マイデル 編　家族のための総合政策Ⅱ　7,500円
7 初川満編　テロリズムの法的規制　7,800円

◇法学翻訳叢書◇

1 R.ツィンマーマン　佐々木有司 訳　ローマ法・現代法・ヨーロッパ法　6,600円
2 L.デュギー　赤坂幸一・曽我部真裕 訳　一般公法講義　続刊
3 D.ライポルド　松本博之 編訳　実効的権利保護　12,000円
4 A.ツォイナー　松本博之 訳　既判力と判決理由　6,800円
9 C.シュラム　布井要太郎・滝井朋子 訳　特許侵害訴訟　6,600円

―信山社―

価格は税別

総合叢書7

テロリズムの法的規制

A5変 上カ 296頁 本体7,800円（税別）
ISBN978-4-7972-5457-0 C3332

初川 満 編

テロ行為に対し、いかなる法的対応をなすべきか

国内法、国際法を問わず、人権保護という価値を守る社会において
いかに人権とバランスを取りつつ、テロリズムに対して法的規制をなしていくのか。
今、語られるべき最重要かつ最先端の議論をここに1冊に凝縮。

◆目次◆
第1章 国際社会とテロ規制措置 ………〔初川 満〕
第2章 テロ行為・対テロ作戦と武力紛争法 ………〔真山 全〕
第3章 英国テロ規制法の分析 ………〔初川 満〕
第4章 アメリカ合衆国におけるテロ規制法の分析 ………〔益田哲夫〕
第5章 イスラエルにおけるテロ規制法の分析 ………〔初川 満〕
第6章 イタリアにおけるテロ規制法の分析 ………〔初川 満〕
第7章 ドイツにおけるテロ規制法の分析 ………〔武田雅之〕